JN437033

조롱박 이야기

조롱박 이야기

박영임 수필집

신아출판사

책머리에

밤을 지새우며 한 편의 글을 써서 퇴고를 한 후 이쯤이면 됐다 생각하며 일어서려면 문득 떠오르는 분이 계십니다. 지금은 먼 나라에 계신 H작가님입니다.

작가님은 한 편의 작품을 쓴 것에 만족하지 말고 언제나 작품을 구중궁궐 九重宮闕 속 깊은 우물에서 물을 길어 올리듯 그렇게 수십, 수천 차례 다듬고 또 다듬어야 한다고 했습니다.

지금까지 한 편 한 편 써놓은 글들을 다시 바라보며 어서 출가시켜야지 했다가 아직은 아니야 하며 품에 안고 살았던 세월이 어언 10년이 넘었습니다. 너무 오래 묵었다는 생각이 들어 이제야 용기를 내었습니다. 내 마음 한 편, 가슴속 응어리 한 움큼 꺼내어 조심스레 세상으로 옮겨 놓습니다.

참 많이 부끄럽지만 내 한 편의 글이 누군가에게 사랑과 위로가 되고 빛과 소금이 되었으면 하는 간절한 마음 담아봅니다.

『조롱박 이야기』를 세상에 내놓을 수 있는 것은 저에게 끊임없는 용기를 주고 격려해 주신 지인들과 한없이 부족한 저를 지도해주신 J교수님과 K교수님의 덕분입니다. 깊이 머리 숙여 감사를 드립니다. 그리고 언제나 말없이 지켜준 남편과 아들들도 고맙고 사랑합니다.

뾰족한 못난이 돌 같은 나를 다듬고 어루만지며 여기까지 인도해 주신 하나님께 감사드립니다.

2016년 11월

저자 박영임

■ 차례

1

아침을 여는 소리

2

그 길을 걸으며

3

조롱박 이야기

4

비가 내리는 날이면

5

피아노 치는 남자

아침을 여는 소리

1

아침을 여는 소리

짹, 짹짹 씩찍……. 며칠 전부터 이른 아침이면 어서 일어나라고 지붕에 앉아 재잘거리는 녀석들이 있었다. 아직 일어날 시간이 아니지만 행여 하며 알람시계를 바라보니, 기상 시간은 한참이나 남아 더욱더 귀를 막곤 했다. 하지만 녀석들은 여전히 재잘거렸다.

짹, 짹짹거리며 그들은 저들만의 언어로 어떤 진지한 대화를 하는 것인지. 어느 날부터 날마다 단잠을 깨우고 있다. 난 울고 싶도록 짜증이 났다. 우리 집 옥상이 국회도 아닌데 날마다 왜 저렇게 자기 소리만 높여 시끄럽게 떠드는 것인지 도대체 알 수가 없다.

아침마다 얼마나 진지한지 그들만의 대화 속에 비집고 들어갈 틈이 안 보였다. 나는 소리치고 싶다. 제발 그만 조용히 하라고. 녀석들은 내가 어젯밤에 한 편의 글을 쓰려고 밤새도록 컴퓨터 앞에서 씨름하다 새벽녘에야 겨우 잠든 고충 따위는 아랑곳하지 않는다.

이른 아침 자기들의 세계 속으로 깊이 빠져들면 좀처럼 그칠 줄 모르니 나는 녀석들 앞에 양 손발 다 들고 항복하는 수밖에 뾰족한 방법이 없다. 그러던 어느 날부터 녀석들의 소리에 나는 귀를 기울이게 되었고 점점 녀석들이 그렇게 얄밉지만은 않았다. 녀석들 때문에 오히려 조금 일찍 잠을 자는 날도 있다.

새벽이 되면 으레 찾아와서 재잘거리는 녀석들의 대화에 나는 잠자는 것을 포기하고 귀를 열어 그들의 대화를 가만히 들어보았다. 대여섯 마리가 모여 있을 법한 녀석들은 아주 신이 났다. 쉬지도 않고 재잘대는 녀석들의 정체가 너무 궁금했다. 앞쪽 베란다 방충망을 살며시 열었다. 순간, 녀석들의 소리는 전혀 들을 수가 없었다.

다음날에는 살금살금 옥상으로 올라가 보았으나 조금 전까지만 해도 정신없이 떠들어댔던 녀석들이 어디로 숨었는지 찾을 수가 없다. 내일 아침에는 기필코 그들의 모습을 보아야지 싶어 평소보다 일찍 잠을 잤다. 부지런한 그들이 재잘재잘 단잠을 깨우기 때문에 아예 알람도 신경을 쓰지 않았다. 그저 녀석들이 재잘거릴 때까지 푹 잠을 자면 되는 것이다.

꿈속을 헤매고 있는데 큰아이가 학교 늦겠다며 깨우는 바람에 후닥닥 뛰쳐나갔다. 날이 훤히 밝았다. 아니 오늘은 왜 녀석들이 나를 깨우지 않은 것이지, 매일 아침 단잠을 깨우더니 오늘은 어쩌자고 늦잠을 자게 만들었단 말인가. 그날 이후 매일 아침 녀석들의 소리를 들으려고 기척도 안 했지만 그들의 재잘거리는 소리를 들을 수가 없었다.

슬그머니 걱정이 됐다. 새들에게 무슨 일이 생긴 걸까. 나의 놀부 같은 심사는 사라지고 걱정으로 하루하루 지내지만 녀석들의 소식은 어느 곳에서도 들을 수가 없었다.

아직 유월인데도 한여름 못지않게 무더위가 기승을 부린다. 거리에 있는 음식물 쓰레기통의 악취가 점점 심해진다. 술 취한 자동차의 소행인지 네 개의 바퀴가 달린 음식물 쓰레기통이 갈라져 나자빠져 있고 그곳에서 악취가 새어나와 지나가는 이들의 얼굴이 곱지 않다. 쓰레기통에서 쏟아진 수박껍질을 보는 순간 우리 집 옥상에서 떠들던 새들의 정체를 파악했다.

여름 과일로는 수박을 따라올 수 있는 과일은 없지 싶다. 냉장고에 넣어 두었던 시원한 수박은 칼만 살며시 대도 갈라지는 소리부터 시원스럽다. 수박은 달콤하고 시원하여 갈증해소에는 최고다. 요즘은 돈만 있으면 한겨울에도 먹을 수 있지만 그 맛이 어디 제철 맛과 같겠는가. 음식물 쓰레기 중 부피가 큰 수박껍질은 햇빛 좋은 날 하루 이틀만 옥상에 올려놓으면 바싹 마르기 때문에 매년 옥상으로 올라간다.

그동안 재잘거리던 녀석들의 소리는 옥상에서 나름대로 수박씨며 참외 씨를 아침 식사로 나누어 먹던 소리라는 걸 알게 되었다. 내가 수박껍질을 옥상에 버린 지가 오래되어서 먹을 것이 점점 부족하니 먹이를 찾아 또 다른 곳으로 이동했기에 녀석들의 소리를 들을 수가 없었지 싶다.

이동하고 싶은 것이 어찌 새들뿐이랴. 요즘 사람들은 죽지 못해 살고 있다 한다. 살기 위해 먹을 것을 놓고 싸우고 또 다른 먹이를 찾아 이동하는 새들이나, 우리네 삶과 다를 바 없는 것 같다. 살길이 막막하다고 가족 동반 자살을 하거나 삶의 터전을 떠나는 사람들도 점점 늘어나고 있다고 한다.

살기 위해 직장을 찾아 막연히 집을 떠나는 사람들이 어디 한둘이던가. 노숙자들의 생활처럼 잠시 동안 머물다 가버린 녀석들의 자리가 마음속에서 떠나지 않는다. 귀가 따갑도록 재잘거리며 단잠을 깨우던 소리가 오늘은 더욱 그리워 마음속에서 작은 파도가 일렁이기 시작했다. 오후에는 마트에 들러 참외랑 수박이랑 사와야겠다. 수박씨랑 참외 씨를 배부르게 먹고 노래하는 그들의 아름다운 소리를 다시 듣고 싶다.

나들이를 즐기는 토끼

토실아! 하고 부르면 숨어 있다가 어느새 살며시 나타난다. 토실이의 얼굴을 만지면 인사라도 하듯이 살며시 눈을 감고 얼굴을 들어 화답하는 우리 집 재롱둥이다.

작년 늦가을 집에 들어선 남편의 손에 엄마 젖을 갓 뗀 듯한 아주 작은 토끼 한 쌍이 들려 있었다.

"뭐야, 그건?"

친구가 아파트에서 키우려고 산 건데 냄새 때문에 도저히 못 키우겠다며 주택이니 한번 키워보라고 주었다는 것이다. 우리 아이들이 초등학교에 다닐 때 햄스터를 키우고 싶다 했지만 냄새 난다며 사주지 않았는데 하물며 토끼를 가져오다니…… .

남편과 토끼를 바라보는 내 눈빛이 그리 곱지는 않았었다.

녀석들은 넓은 거실을 제집인 양 자유로이 뛰어다니며 놀다가도 배설은 한곳에만 해결했다. 그 신통함에 감탄사가 나왔다. 귀여운 녀석들을 안고 예뻐서 어쩔 줄 몰라 하는 나를 미소로 대응하며 남편은 발톱이 무척 날카로우니 다치지 않게 조심하라고 했다. 그렇게 한식구가 된 녀석들은 거실도 모자란 듯 이 방 저 방 기웃거리며 마음껏 뛰어다녔다. 낯선 기색이라곤 전혀 없이 무릎에 앉기도 하고, 어깨 위로 올라가서 점프하여 내려오기도 하며 나날이 친숙해졌다.

앙증맞은 녀석들의 부드러운 털과 따스한 체온 등 너무나 사랑스러워 품안에서 떼놓기가 점점 싫었다. 수컷은 토실이, 암컷은 토순이라고 이름을 지어 불렀다. 한순간에 녀석들에게 사랑을 빼앗긴 애완견 춘향이가 칭얼대며 심통을 부리는 것을 바라보는 즐거운 나날이었다.

그러던 어느 날, 토순이가 부패한 떠먹는 요구르트를 쓰레기통에서 주워 먹더니 탈이 생겼다. 결국 토순이가 먼저 우리 곁을 떠났다. '하룻밤에도 만리장성을 쌓는다더니' 잠시 동안 함께했던 토순이가 떠난 빈자리가 우리 가족에게는 너무나 컸다. 유난히 나를 잘 따르던 토순이였는데…….

이제 외톨이가 되어버린 토실이는 어딘가에서 나타날 것만 같은 토순이를 기다리는지 작은 소리에도 귀를 쫑긋거리다 이내 슬픈 눈으로 자리만 지키고 앉아 있다. 춘향이(애견)도 심통 부리던 처음과는 달리 토실이를 위로라도 하듯 곁을 지키고 있다. 토순이의 빈자리가 우리들보다 어쩌면 저들에게 더욱 슬프고 아픈 자리인지도 모를 일이다.

나는 홀로 남은 토실이에게는 별로 관심을 기울이지 않았다. 얼마의 시간이 지나면 토실이도 우리 곁을 떠날 거라 생각하고, 또다시 가슴을 저미는 아픔을 만들지 말아야지 다짐해버렸다. 그래서 더욱 토실이에게

정을 주지 않았다.

봄 햇살이 따사로운 어느 날 토실이를 옥상에 올려다 놓았다. 넓은 공간에서 마음껏 뛰어 놀면서 토실이는 옥상에 놓인 크고 작은 화분에서 새움이 트기 시작한 잡초며 나물들을 모두 다 먹어치우기 시작했다. 그리고 1층에 심어놓은 작은 텃밭까지 침범했다. 어디 그뿐이랴. 다음날부터는 이웃집에까지 놀러가서 식사를 해결하기도 했다. 그럴 때마다 온 식구가 토실이를 찾아 골목을 헤매고 다녔지만 토실이를 찾는 건 언제나 춘향이였다.

어느 날에는 아무리 찾아도 나타나지 않는 토실이를 춘향이도 포기하고 있었는데, 반나절이 훨씬 지나서 3층으로 숨을 헐떡거리며 올라오는 것이 아닌가! 우리는 놀라서 벌린 입을 다물 수가 없었다. 이후로 토실이에게 더 이상 자유가 주어지지 않았다. 옥상에 놓인 작은 공간에 갇힌 토실이가 통사정을 했다. 나는 가여워 잠시 운동을 시키고 또다시 가둬 두었다.

지독한 장마가 그치고 10년 만에 찾아온 무더위에 토실이가 쓰러지고 말았다. 쇠창살에 갇힌 토실이는 체감온도 50~70도 정도의 옥상의 열기를 견디지 못했던 것이다. 모로 누워 숨만 헐떡이던 토실이가 남편의 정성어린 간호로 다시 일어서 자유를 얻었다. 녀석은 이제 이웃집뿐만 아니라 길 건너 앞집 뒷집 할 것 없이 놀러 다니며 하루해가 저물도록 집에 돌아오지 않고 있지만 이제는 걱정이 없다. 옥상에서 1층 길 건너 이웃집까지 놀러 다니는 토실이에게 질투도 느낄만하지만 춘향이마저 사랑을 나누며 관대하다. 토실이가 위험하다 싶으면 달려와 우리에게 알리는 것이 기특할 뿐이다.

이제는 애써 가꾸어온 텃밭의 채소와 내가 제일 좋아하는 방울토마토를 토실이가 다 먹어치운다 해도 괘념치 않기로 했다. 생명의 소중함과 동물들의 우정을 알게 된 것만 해도 나에겐 큰 소득이다.

춘향이와 강아지

애견 춘향이는 옷을 예쁘게 입었다. 그러나 콧잔등도 없고, 커다란 눈에 변이사각형인 얼굴이며 입은 합죽하여 처음 만난 사람이라면 참 신기하게 생긴 모습에 한 번 더 바라보곤 한다.

모처럼 동생네 식구들이 왔다. 미선이 조카가 데리고 왔던 못난이(페키니즈) 개를 동생은 내 앞에 놓으며 나더러 키우라고 하니 처음에는 달갑지가 않았다. 나도 애완견이라면 예쁜 말티즈(미미)를 13년 키운 터인지라 못생긴 춘향이가 눈에 들어오지 않았다. 그러나 동생네가 놓고 간 춘향이를 거두다 보니 조금씩 마음이 열렸다.

우리 식구들은 그렇게 마음을 열었고 춘향이는 재롱둥이 귀염둥이로 사랑을 독차지하며 어느새 한식구가 되었다. 이제는 식구들의 목소리만 듣고도 기분을 알 정도로 우리의 마음까지 읽고 있다. 아침 식사 후 뒷정리를 하다가 전화를 받았다. 강아지를 가져가려면 평소보다 일찍 출근하라는 것이었다. 얼마 전에 강아지 한 마리를 구해달라는 친구가 생각나서 마침 잘되었다 싶어 친구에게 전화를 했다. 강아지를 한번 키워 보겠다는 친구의 확답을 받고 서둘러 출근을 했다.

내 책상 앞에 인형 같은 강아지가 새근새근 잠든 모습이 너무 사랑스러웠다. 젖을 갓 뗀 듯 보이는 녀석은 마치 수건이 엄마의 품속인 양 얼굴을 묻고 곤히 잠들어 있었다. 잠자는 녀석을 바라보고 있으니 그녀가 다가와 전날 목욕을 4번이나 시켰다고 했으나 나는 대수롭게 여기지 않았다.

아기 강아지가 너무 예뻐 빨리 친구에게 건네주고 친구의 마음이 하루빨리 행복했으면 하는 마음뿐이었다. 친구와 함께 애견 집에 들러 새끼 강아지에게 필요한 용품을 사서 친구에게 주며 나는 예쁘게 잘 키우면 좋은 말벗이 되어 많은 위로가 될 것이라 했다.

친구는 잘 키워 보겠다며 강아지와 함께 사라졌다. 이틀 후 친구에게서 전화가 왔다. 친구와 그 남편까지 강아지로 인해서 피부병이 발생했다며 강아지를 빨리 데려가라는 것이었다. 미안함과 놀라움에 강아지를 데려왔다.

집에 와서 강아지를 현미경으로 살펴보니 피부병이 아주 심했다. 서둘러 동물병원으로 데리고 가니 의사는 깜짝 놀라며 이 지경이 되도록 뭐했냐며 화를 냈다. 의사는 황급히 소독약으로 목욕을 시킨 후 주사를 주고 약을 처방해주었다. 의사 선생님은 어린 강아지에게 사람이 사용하는 독한 샴푸를 너무 많이 사용하여 피부병이 발생했다고 했다. 한번 걸린 피부병은 한 달 남짓 치료를 받아야 낫는다고 하니 강아지가 한없이 측은했다.

집에 데리고 와서도 어린 강아지를 격리시켜야만 했다. 우리 속에 갇힌 녀석은 안아달라고, 뛰어 놀고 싶다고, 꺼내 달라고 아우성이었다. 그러다가도 슬픈 표정으로 힘없이 앉아 초점 없이 바라보는 눈과 마주치기라도 하면 몹시 미안했다. 가엾은 강아지가 혼자서 병마를 잘 이겨내길 바라며 병이 다 나을 때까지 격리는 어쩔 수가 없었다. 강아지의 빠른 완치를 위해서 지혜가 필요했다.

자연치료가 좋을 것 같아서 의사와 상의했다. 햇볕이 좋은 날에는 옥상에서 강아지에게 일광욕을 시키는 것도 도움이 된다고 하여 가끔씩 옥상에 올려다 놓곤 했다. 춘향이와 놀고 싶다며 동네 꼬마들이 몰려오는 날에는 춘향이를 옥상에 내어주곤 했는데, 오늘은 동네 아이들이 몰래 올라와 강아지를 꺼내 춘향이랑 함께 놀았던 흔적이 있어 혹시 아이들에게 피부병이 옮기지 않았을까 걱정이 된다. 아이들이 아프지 않아야 할 터인데…….

강아지는 나날이 건강해지고 있지만 피부병으로 날마다 치료받으러 병원에 다니는 친구 부부에게 너무나 미안한 마음이 든다. 강아지를 한 번도 키워본 경험이 없는 친구에게 너무 가혹한 선물을 준 것 같아 마음에 걸리지만 이번 일로 친구가 우울증과 불면증에서 털고 일어났으면 하고 간절히 바란다. 강아지 치료가 끝나면 다시 그 친구가 데려다가 예쁘게 키우면 마음으로 진 빚을 조금은 갚을 수 있을 것 같지만 친구는 다시는 개를 키우지 않을 거라고 단호히 거절했다.

춘향이는 요즘 매우 바쁜 나날을 보내고 있다. 처음에는 새끼강아지에게 자기 물건을 사용한다며 야단이더니 어느 날부터 쇠창살에 갇힌 강아지 옆에서 잠시도 떨어지지 않고 지키고 있다. 마치 고통을 같이 나누겠다는 태도다. 강아지에게서 피부병이 전염되니 떨어져 있으라는 말도 한 귀로 흘려듣고 만다. 자기가 철저히 간호해야 한다는 비장한 각오를 한 것처럼 누나 행세를 톡톡히 하고 있다.

말 못하는 동물이지만 약자를 챙기며 위해주는 춘향이와 강아지 모습을 보며 또 다른 이웃 사랑 정신을 배우고 있다.

수탉

10여 년 전에 수탉을 키운 적이 있다. 초등학교 1학년에 입학한 큰아이가 하굣길에 문구점에서 병아리 두 마리를 사서 들고 왔다. 나와 아이들이 사랑으로 보살폈지만 2~3일을 버티지 못하고 죽고 말았다.

밥도 먹지 않고 울며 슬픔에 잠긴 아이들을 달래느라 고심했던 기억이 생생하다. 그래도 다음 해 봄이 되면 어김없이 두 아이들은 앞다투어 문구점에서 파는 병아리를 안고 왔다. 지성이면 감천이라 했던가. 어쩌다 한 마리가 살아남아서 날개에 털이 자라고 제법 닭의 모양이 되어 집 안에서 더 이상 키울 수가 없어 옥상에 올려 놓았다.

넓고 자유로운 공간에서 놀던 어느 날 미미(애완견)의 시샘으로 옥상에서 쫓겨 다니던 닭은 결국 탈출을 시도했다. 4층에서 아득한 지상으로 떨어진 것이다. 아이들과 나는 닭이 죽었을 것이라며 놀라서 뛰어갔다. 정말로 닭은 얼마나 놀랐는지 땅바닥에 주저앉아 빨강 눈만 휘뚝거리고 있었다. 다행히도 닭은 몸에 상처 하나 나지 않았다. 그제야 나는 닭은 날개가 있으니 다치지 않았을 것이라는 생각이 들었다.

그렇게 여름이 가고 그해 가을 어느 날 이른 아침이면 닭이 울기 시작했다. 처음 며칠은 '공기옹~~~' 했다. 닭의 울음소리라곤 생각지 못했지만 우리 집 옥상에서 우는 닭울음 소리가 맞았다. 아이들의 손에서 자란 닭이라서 저렇게 우는 것인지, 지상으로 떨어지면서 성대를 다쳐서 그런 것인지 걱정했다. 하지만 그도 잠시 닭의 목소리는 나날이 변해갔다. 어느 날부터는 날개를 치며 '꼬끼~오~~오' 정확한 수탉의 울음소리를 내기 시작했다. 매일 아침 닭 울음소리는 대여섯 번 반복되었다.

그러던 어느 날 정작 주변 사람들은 뭐라 하지 않았지만, 한 블록 건너에 사는 선배 집에 동네 여인들이 모였다. 이야기 도중 어느 집에서 나는 닭 울음소리 때문에 요즘은 늦잠을 즐기지 못한다며 불만의 목소리가 커지려는 순간 나는 말없이 손을 들었다. 그 소리는 우리 집에서 나는 소리라 했다. 귀한 소리를 도시 한복판에서 들었으니 닭 울음소리를 들은 사람들은 대가를 지불하라고 당당하게 말했다. 여인들은 모두 어이없다는 표정으로 서로 바라보다 한바탕 웃어넘겼던 기억이 새롭다.

꼬끼~오~~오…….

요즘은 매일 아침 자명종처럼 깨우는 수탉의 울음소리를 들으며 자리에서 일어난다. 뒤 집에서 울어대는 닭 울음소리인지 알 수 없으나 그 소리는 지난날 우리 집에서 기르던 수탉을 추억할 수 있어 행복하다.

겨울방학이지만 수능시험을 앞두고 있기에 작은아들은 매일 학교에 간다. 그래서 나는 매일 아침 6시 30분이면 일어나야 한다. 깜박 늦잠에 빠져 있던 어느 날은 그 수탉이 아이 학교 늦겠다며 어서 일어나라고 꼬끼~오오, 꼬끼~오오 급하게 목청을 돋우기도 했다. 닭 울음소리에 깜짝 놀라 일어나 보니 아이 학교 갈 시간이 다 되었다. 잠자는 아이를 깨워 서둘러 학교에 보내고 옥상으로 올라가 주변을 살폈다. 급하게 늦잠을 깨워준 닭에게 고맙다는 인사라도 하고 싶은 마음이었다. 옆집도 건너 집도 닭을 키울 만한 사정은 아닌 것 같고 어느 집에서 키우는지 알 수가 없었다.

아들이 학교에 가지 않는 주일에는 닭 울음소리를 아주 여유롭게 즐길 수 있어 행복하다. 하지만 도시 한복판 주택가에 사는 수탉의 위기를 생각해보기도 한다. 뉴스에서 간간이 아파트 층간 소음으로 이웃 간에 말다툼이 큰 싸움으로 이어지거나 살인에 이르는 것을 종종 보거나 들었다. 예전에 우리 집에서 키웠던 수탉의 울음소리가 싫다고 말하던 여인네들처럼 닭 울음소리가 싫어 서로 싸움이 나면 어쩌지 내심 걱정이 된다.

문득 그 닭이 매우 영리하다는 생각을 해보았다. 목숨을 부지하려고 새벽을 피해 아침에 울고 있으니 말이다. 아침을 깨우고 난 후에도 늦잠을 자는 사람까지 마저 깨우고 일어나지 않는 게으른 사람들까지 한낮이 되도록 일어나라 소리 지른다. 해 질 무렵이면 또 저녁을 하라며 주부들의 손길을 재촉하니 얼마나 영리한 닭인가. 인터넷 정보에서 닭의 IQ가 30이라는 것을 알았지만 저 닭은 예외인 것 같다. 매일 아침 용기를 내어 사명을 감당하는 수탉의 목소리를 언제까지 들을 수 있을지…….

우산

'이슬비 내리는 이른 아침에 우산 셋이 나란히 걸어갑니다. 빨강 우산 검정 우산 찢어진 우산……' 예전이나 지금이나 비가 내리는 날이면 창밖을 바라보며 기분이 좋아서 나도 모르게 노래를 흥얼거리곤 한다. 어릴 적에는 비가 내리는 것을 별로 좋아하지 않았다. 자동차도 없는 산과 들길을 1시간씩 걸어서 초등학교 6년을 다녔다. 학교에 다니는 동안 하굣길에 갑자기 비가 내리면 꼼짝없이 비를 맞아야만 했기 때문이다.

그 시절 비를 조금이라도 피하고 싶은 마음에 어느 농가 밭의 토란잎을 꺾어 우산처럼 쓰고 온 적이 있었다. 집에 와서 토란잎으로 우산 쓰고 온 이야기를 자랑삼아 꺼내 놓았다가 어머니에게 크게 야단을 맞았다. 어머니는 남의 것에 함부로 손을 대면 절대로 안 된다고 다시는 그러지 말라고 하였다. 그 후로는 하굣길에 비를 만나도 토란잎을 꺾지 않고 고스란히 비를 맞았다.

여름비는 그래도 맞을 만하다. 싸늘한 가을비를 맞으면 영락없이 감기에 걸리고 만다. 비가 내린다고 우산을 들고 마중 나오는 어머니는 상상도 못한다. 비를 맞고 터벅터벅 집에 오면 어머니는 들에서 그 비를 모두 맞고 일을 했는지 나보다 더 흠씬 젖은 오래된 파김치 모습으로 집에 돌아오곤 했다.

언제부터인지 정확하게 기억은 못해도 비가 내리는 아침이면 나는 중학교에 다니는 둘째 언니보다 먼저 마음에 드는 우산을 챙겨 집 모퉁이에 몰래 세워 두기도 했다. 우리 집 우산은 외아들인 남동생과 둘째 언니가 먼저 고르고 나면 찢어졌거나 살대가 망가진 것이 언제나 나와 셋째 언니 차지였다. 그중에서도 초록색도 하늘색도 아닌 망가진 비닐 우산은 더더욱 싫었던 기억이 아직도 생생하다.

작년 여름 나는 지인과 함께 덕진공원 연꽃을 보러 갔다. 지인은 연못에 무성히 자란 연잎을 꺾어 머리 위에 올려놓고 태양을 피하는 방법이라고 말하며 소녀처럼 맑게 웃었다. 그 얼굴에서 토란잎을 꺾었다고 야단치던 어머니의 얼굴이 떠오르기도 했다. 연꽃의 향기를 맡으며 나는 지인에게 토란잎과 어린 시절 어머니 이야기를 들려주며 연잎 대신 예쁜 양산을 쓰고 연화정 길을 걸었던 일도 아름다운 추억으로 떠오른다.

얼마 전 가을 예쁜 우산 2개를 선물로 받아 친구와 하나씩 나누었다. 내가 사용하던 우산 손잡이 부분이 끊어졌지만 마음에 들어 버리지 못하고 테이프로 감아 사용했다. 옆에 사는 아우가 그 모습을 보더니 새 우산을 사다주며 망가진 우산을 버리라 했다. 아우가 사온 우산이 마음에 들지 않았다. 내 표정을 읽었는지 다음날 또 하나의 우산을 들고 왔다. 마음에 들지 않느냐는 질문에 고맙다고 웃어주었다.

나는 스무 살 무렵, 예쁘고 마음에 드는 우산을 사 나르던 내 모습을 생각해보았다. 한참 멋을 내는 나이, 화장품과 구두, 핸드백을 사며 예쁜 옷 입고 친구들과 레스토랑과 찻집에 모여 이야기를 나누거나 떠들어댈 나이였다. 나는 화장하는 것도 예쁜 옷 사 입는 것도 별 흥미가 없었다. 그러나 예쁘다고 생각한 우산은 기필코 사곤 했다.

그렇게 사서 모은 우산을 창고에 모양과 색깔별로 걸어 놓았다. 어른이 된 지금도 우산에 대한 관심이 남다른 것은 아마도 어린 시절 우산 때문에 고생하던 기억들과 비를 좋아하기 때문이지 싶다.

지금도 나는 봄이 시작되면 비를 무척이나 기다린다. 비가 내리면 떨어지는 벚꽃잎 아래서 우산을 쓰고 마냥 서성이거나 여름비가 내리는 날에는 일부러 우산을 쓰고 밖으로 나가곤 한다. 가을비는 맞으며 걸을 수 있어서 더욱 행복하다. 눈이 말없이 내리는 날에도 나는 우산을 쓰고 걷는다. 그렇게 비나 눈이 내릴 때마다 우산을 펴고 거리로 나와 눈과 비를 맞으며 혼자 거닐기를 즐긴다. 이런 나를 보고 친구들은 무슨 청승이냐고 고개를 흔든다.

지금 우리 집 우산 함에는 두 아이들의 우산과 아우가 사준 우산과 손잡이를 테이프로 감은 우산, 그 외에도 내가 틈틈이 샀던 우산들이 즐비하다. 남편에게 우산 저장 공간에 하나씩 걸어 놓을 수 있도록 여러 개의 못을 더 박아 달라 부탁했다.

어젯밤에는 아이들 간식을 사러 마트에 들렀다가 한쪽 코너에 예쁜 우산이 나란히 진열되어 있는 곳으로 나도 모르게 발길이 옮겨졌다. 마음에 드는 우산이 눈에 들어왔다. 8,500원 가격표가 붙어 있다. 달랑 만 원 들고 나온 것을 후회하며 아이들 간식을 살까 우산을 살까 망설이다가 쇼핑카에 아이들 간식을 골라 담아 계산을 했다. 우산을 사기에는 많이 부족한 잔돈을 손에 쥔 채 사고 싶은 우산을 마음속에 곱게 접어 마트를 나오며 혼자 웃었다. 내가 이제야 철이 드는 건지 아니면 이제부터 망가지는 건지 알 길이 없다.

원피스

양지바른 언덕배기에 분칠한 아기 쑥이 제비꽃과 어우러져 무럭무럭 자랄 때쯤이 내 생일이다. 몇 년 전만 해도 어머니는 막내딸 생일이면 언제나 잊지 않고 쑥범벅 한 시루를 해왔다. 보기에도 먹음직한 떡을 정겨운 사람들과 나누어 먹는 것이 참 행복했는데……. 이제는 아흔을 앞에 놓고 계신 어머니. 예전의 그 깊은 손맛을 맛볼 수 없는 쑥범벅이 몹시도 그립다.

먼 곳에 살고 있는 친언니들보다 언제나 옆에서 걱정해주고 챙겨주는 성희 언니가 있어 서로 의지하며 나는 많은 위안을 받고 지낸다. 누구보다도 내 마음을 잘 알고 있는 언니가 예쁜 원피스 한 벌을 작년 봄에 생일선물로 사주었다. 중년의 나이에 청바지에 티셔츠를 즐겨 입는 모습이 보기에 그랬는지, 아니면 나이만 먹지 말고 속도 좀 차리라는 뜻인지 잘 입지도 않을 원피스를 사주더니 이제는 왜 원피스를 입지 않느냐고 만날 때마다 성화다.

혼자 있을 때는 까끔 방안에서 입고 거울 앞에서 온갖 포즈를 잡아 보았으나 정작 그 옷을 입고 밖으로는 나서지 못했다. 따스한 봄날도 그렇게 더디게 지나갔고 옷장 속의 원피스는 주인을 잘못 만난 탓으로 세상 구경 한 번 못한 채 여름을 보내고 가을을 맞았다. 원피스를 볼 때마다 성희 언니의 얼굴이 떠올랐다. 올가을에는 원피스를 꼭 입을 거라고 스스로 약속한 일도 있어서 어느 날 용기를 내어 원피스에게 세상 구경을 시켜주었다.

원피스를 입고 제일 먼저 성희 언니에게 갔다. 언니네 제과점 가게 문을 살며시 열고 들어서니 언니는 환한 얼굴로 아주 잘 어울린다며 그렇게 예쁜 옷을 왜 이제야 입고 나오느냐고 예쁜 눈을 곱게 흘기며 꾸중 반 칭찬 반이다. 언니는 어색해하는 나에게 어쩜 용기를 준 것인지도 모른다. 성희 언니의 눈에는 내가 마냥 예쁠 수도 있고, 내가 무엇을 입어도 예쁘다고 말할 테니 영 미덥지가 않았다.

가까운 곳에서 여성패션 숍을 운영하는 친구에게 찾아갔다. 그 친구라면 전문가의 눈으로 정확히 평을 해줄 것 같아서였다. 친구 역시 잘 어울린다며 자주 입으라고 적극 권했다. 그래도 자신 없어 하는 나를 위해 친구는 자신감을 더해주었다. 친구에게 고맙다고 인사를 하고 나오려는데 마네킹이 입고 있는 원피스가 눈에 들어왔다. 가던 발길을 되돌렸더니 친구는 웃으며 맞는 사이즈가 있다며 한번 입어보란다. 잘 어울렸다. 친구가 입고 온 원피스를 가방에 담으며 새 옷을 입고 가란다. 내가 또 다른 원피스를 입고 성희 언니 앞에 나타나니 언니는 놀란 표정으로 잘했다며 아주 잘 어울린다고 했다.

얼마 전 교회사역을 맡아 미국으로 이민 간 친구 부부가 떠나가기 전 선교 사업에 동참하자며 한 보따리 옷을 싣고 와서 사라고 했다. 남성 의류라면 남편과 두 아이들이 있어 좀 더 많이 살 수 있겠지만 여자는 달랑 나 혼자뿐인데 모두 여성 옷뿐이었다. 그러나 친구가 미국으로 떠나가기 전에 그동안 하던 일을 마무리짓고 홀가분하게 떠날 수 있기를 바라는 마음으로 보따리를 풀어 놓고 친구가 주는 대로 주섬주섬 받아 거실에 놓으니 참 많기도 했다.

친구는 남은 옷들을 담으며 옷을 살 만한 사람 소개를 부탁하기에 딱히 누가 떠오르지 않아 허물없는 성희 언니에게 찾아갔다. 언니는 이 옷 저 옷 만지작거리더니 원피스를 하나 골라주며 날더러 입어 보라 했다. 언니 말로는 내가 원피스가 잘 어울린다는 것이다. 나는 망설임도 없이 언니에게 잘 입겠노라고 인사도 빠뜨리지 않고 덥석 받았다.

내가 원피스를 자주 입고 나타나니 언니는 활짝 웃으며,

"왜 벌써 입었니. 내년쯤에나 입지."

우리는 마주보고 한바탕 웃었다. 이제 원피스를 입었으니 '한 손으로 입을 가리고 얌전하게 웃어야지.' 언니와 나는 또다시 크게 웃었다.

원피스는 내 소녀적 꿈과 소망이 깃든 옷이다. 만화책에 나오는 주인공처럼 아주 예쁜 원피스를 입고 싶었지만 당시 나에게는 꿈같은 일이었다. 비록 내가 입고 있는 원피스가 마네킹이 입고 있는 것만큼은 아닐지라도, 그리고 성희 언니나 패션숍을 운영하는 친구의 의견이 꼭 사실이 아니어도 괘념치 않는다.

나에게 아직도 원피스에 관한 소녀적 꿈이 가슴 깊이 남아 있는 것은 아닌지, 아님 나이 들어가며 늘어나는 뻔뻔함인지, 잘 모르겠지만 원피

스를 입고 집을 나서면 걸음걸이부터 달라진다. 자꾸 내 모습을 훔쳐보는 또 하나의 나를 보기 위해서 거리의 쇼윈도도 한몫 단단히 한다.

국화꽃

11이란 숫자는 '하나는 외로워 둘이 함께' 라는 뜻이 담겨 있다고 시인은 노래한다. 그래 그럴듯한 말 같아서 벽에 걸린 달력을 들여다보았다. 올해도 달랑 한 장만 남았지만 옆에 12월이 있어 그나마 위로가 된다.

친자매처럼 서로 흉허물없이 고민을 털어놓고 지내는 미진이와 마주 앉아 이런저런 이야기를 하다 보면 아무리 복잡하고 심각한 문제도 수월하게 답을 얻거나 지혜를 모으니 참 좋다. 오늘은 미진이에게 전화를 할까 생각하다 찾아가서 잠시 얼굴이라도 보고 싶어졌다.

단골로 다니던 꽃 가게에 갔다. 그곳엔 언제나 많은 꽃들이 있다. 굳이 꽃을 사지 않더라도 가끔씩 들러 기분 전환하는 곳이기도 하다. 가게 문을 열고 들어서니 수구에는 국화꽃이 대부분이다. 국화꽃도 해마다 빛깔과 종류가 다양해진다. 올가을 첫선을 보인 신종 국화꽃이 있는가 하면 색깔이 희한하게 생긴 꽃도 눈에 들어왔다. 생김새가 여느 꽃과는 달리 애잔하고 아름다운 자태를 마음껏 뽐내고 있는 꽃을 가리키며 무슨 꽃이냐고 물으니 공작국화란다.

공작국화는 꽃 모양도 이름도 미진이에게 아주 잘 어울 것 같아서 화분으로 심어진 것을 찾았으나 아직 출시되지 않았다고 했다. 공작국화 꽃 대신 노란 국화 화분 두 개를 골라 차에 실었다. 화분을 들고 미진이가 운영하는 학원 문을 밀고 들어갔다. 아우는 깜짝 반기며 환한 미소를 짓고 국화에 코를 가까이 대었다. 아직 활짝 피지 않은 국화꽃 향기를 맡는 미진이의 모습이 더 해맑아 보였다. 곱고 예쁜 마음을 가진 미진이기에 언제나 좋은 것을 보면 함께하고 싶은 마음이 든다.

수업 중인 미진이의 아쉬운 배웅을 받고 살며시 밖으로 나왔다. 하나 남은 국화 화분을 들고 집으로 들어왔다. 거실에 놓인 노란 국화 화분이 집 안 분위기를 바꾸어 놓았다. 테이블 위에 올려놓으니 춘향(강아지)이가 훌쩍 뛰어 올라가 먼저 인사를 한다. 학교에서 돌아온 작은아들은 무표정한 얼굴이다.

"너는 저렇게 예쁜 꽃을 보고도 아무런 느낌이 없니?"

고개를 돌려 잠시 꽃을 바라보더니 "내일 모의고사 시험 보거든요." 한마디 뱉고는 그만이다. 집에 들어온 남편 역시 아무런 반응이 없다. 남편이 샤워를 하고 나면 기분이 달라져 뭐라 한마디 하겠지 생각했지만, 샤워를 끝내고 거실에 누워 TV를 보면서도 역시 꿀 먹은 벙어리다. 나는 참다못해 볼멘소리로 거실에 뭐 달라진 게 없느냐고 말했더니 턱으로 국화꽃을 가리킬 뿐, 시선은 TV에서 움직이지 않았다.

학교에서 늦은 시간까지 공부하고 돌아온 큰아들 역시 본체만체했다. 컴퓨터 앞에 앉으려는 큰아들에게 "우리 집에 뭐 달라진 것 없니." 물으니 그때서야 거실의 화분을 바라보며 '꽃이 있네요.' 한다. 아무 말도 못하고 비석처럼 서 있는 나를 보더니 아들을 향해 남편이 한마디 던졌다.

"야 인마! 엄마가 국화를 사다 놓았잖아?" 아들녀석은 여전히 컴퓨터에 시선을 고정시킨 채

"네, 보았어요. 노란색이네요." 그렇게 말 대접하고 그걸로 끝이다. 나는 뭐라 말할 수 없는 서운함에 나오려던 눈물을 꾹 참고 아들도 남편도 다 필요 없어 하며 집 밖으로 나왔지만 딱히 갈 곳이 없었다. 제법 차가운 밤공기를 마시며 옥상으로 올라가 밤하늘을 바라보았다.

그렇게 얼마의 시간이 흘렀을까. 주변의 십자가 불빛이 하나둘 눈에 들어왔다. 그래 '예수님도 제자에게 은 30냥에 팔려가셨지. 제자가 예수님을 팔 것이라는 것을 이미 알면서도 그 제자까지도 사랑했는데…….' 저만치에 보이는 십자가 불빛이 유난히 빛나는 것 같았다. 나는 다시 마음을 가다듬고 집 안으로 들어왔지만 더욱 서먹하고 어정쩡한 기분은 감출 수가 없었다.

여느 때 같으면 학교에서 늦은 시간까지 공부하고 돌아온 아들에게 간식을 챙겨주었겠지만 오늘 밤은 우리 집 남자들 얼굴도 보기 싫어 안방으로 들어왔다. 자정이 다 되어 학원에서 돌아온 작은아들이 나를 찾았지만 남편의 설명으로 또다시 거실은 조용해졌다.

이제 정말 나는 외톨이가 되어버린 기분이다. 깜깜한 천장을 바라보며 곰곰이 생각해보니 나도 모르게 웃음이 쿡쿡 나오기 시작했다. 내가 좋아 국화꽃 사다놓고 나 혼자 즐기면 그만이지 관심 없는 식구들에게 혼자서 시비 걸며 토라지고 씩씩거린 내 모습이 우습기 짝이 없다. 아무

것도 아닌 것을 가지고 집안의 사건으로 만들어 놓고 이제는 수습이 안 되어 모두가 불편한 마음이다.

이른 아침 어둠이 걷힌 거실에는 밤새 국화꽃이 쉬지 않고 내뿜은 향기로 가득 채워져 있었다. 아침 식사를 준비하려던 발길을 돌려 활짝 웃고 있는 노란 국화꽃에게 다가가 얼굴을 들이밀며 아침인사를 하고, 아직 각자의 방에 있는 식구들에게도 인사했다. 여보, 잘 잤어요. 준아, 진아 잘 잤니? 어엉 춘향이도 안녕? 모두 모두 국화꽃 향기처럼 오늘도 만나는 사람들에게 기분 좋은 향기를 나누어요.

사진 소동

얼마 전 지인과 영화를 보기로 약속하고 자투리 시간에 극장 앞 공공장소에서 커피를 마시며 긴 의자에 앉아 있었다. 지인은 한동안 다른 곳을 바라본 후에 나를 부르더니 턱으로 한 여자를 지목하며 바라보라고 했다. 여자는 하늘거리는 원피스가 잘 어울렸다. 날씬한 몸매를 자랑하듯이 폼을 내어 누군가를 기다리는지 몇 발자국 앞에 서 있다. 또다시 지인은 여인을 가리키며 저렇게 날씬한 적이 있었느냐고 물었다.

나는 너무도 당당하게 '아니오.' 라고 말은 하였으나 이내 고개를 떨어뜨렸다. 예나 지금이나 얼굴이 예쁘고 몸매가 날씬한 사람들이 부럽지는 않았다. 그렇다고 내가 예쁘거나 날씬하다는 말은 절대 아니다. 하지만 나에게 나쁜 것을 더 많이 주지 않은 하나님에게 오직 감사할 뿐이다.

어쩌다 아이들에게 엄마 예쁘지? 작은 녀석은 곧바로 'Oh! My

God?' 하며 뒤로 넘어지는 시늉을 한다. 청바지에 티셔츠를 입고 "엄마 날씬하고 멋있지?" 또다시 아들은 벌떡 일어나 다가와 불룩 나와 있는 배를 만지며 "이것은 어떡하라고요?" 한다. 남편은 아들들의 말에 얼쑤하며 호응하는 조로 미소가 싱글벙글이다. 나는 언제나 집에서 이렇게 KO패를 당하곤 한다. 내 편이 하나도 없다는 것을 알면서 넋두리하듯이 없는 딸 타령만 푸념처럼 늘어놓는다. 웃고 있던 남편은 춘향(애견)이를 안고 오더니 "여기 있잖아 딸, 딸." 하며 내 품에 춘향이를 안겨 준다.

나는 철이 들면서부터 사진관에서 정색을 하고 찍는 사진은 물론 거부하였고, 카메라 앞에 가까이 서기도 두렵고 싫었다. 그러나 자기 모습 찍기를 좋아하는 친구와 함께 다니면서 한두 장씩 카메라에 내 모습을 담아보는 용기와 뻔뻔함이 시작됐다. 못생긴 얼굴을 작년에는 꽤 많이 스냅사진이나 디지털 카메라에 담아보았다.

최근에는 식당에서 가수 박미경과 그 일행을 만났다. 전주비빔밥을 먹고 싶었다며 서운함이 역력한 일행에게 다음에는 포기하지 말고 전주를 대표하는 별미를 꼭 맛보라고 했다. 기념사진을 부탁했더니 선뜻 포즈를 취해 주어 사진을 찍었다.

행촌수필문학회 회원이 되려면 입회원서에 사진 한 장을 붙여야 했다. 앞으로 사진이 여러 장 필요할 터이니 예쁘게 사진관에서 찍으라는 K교수님의 말씀을 귀담아 듣지 않았다. 작년에 찍었던 스냅사진 한 장을 증명사진 크기로 오려 입회원서에 붙여 제출했다. 얼마 있으니 다른 용도로 한 장이 더 필요하다는 것이다. 큰일이다 싶었지만 또다시 스냅사진 한 장을 오려서 보냈다.

이번에는 등단한 M연구사에서 사진 한 장을 급히 보내달라고 했다. 정말 큰일이다. 속성사진을 찍어볼까 생각하다가 고개를 가로저었다. 정색을 하고 카메라 앞에 앉을 용기는 여전히 없었다. 도저히 용기가 나지 않아 스냅사진을 뒤져 한 장을 오려 출판사에 보내고 나니 이번에는 J신문사에서 사진 한 장을 보내달라는 게 아닌가.

어른 말씀을 잘 들으면 자다가도 떡을 얻어먹는다는 속담이 있다. 진즉 교수님 말씀에 순종하였으면 사진 소동은 없었을 것이다. 이제는 사진 때문에 요란 떨 일은 없겠지 싶었으나 또다시 한국문인협회, 전북문인협회, 전북수필문학회 입회원서 석 장을 받았다. 모두 오른쪽 상단에 사진 붙일 네모난 지정석이 자리하고 있었다. 피할 수 없다면 정면으로 부딪치란 말이 오늘따라 용기를 듬뿍 안겨주었다. 사진관에서 예쁘게 사진을 찍기로 마음먹었다.

예쁘게 찍히려면 지금부터 미리 연습을 시작해야겠다. 우선 거울 앞에서 예쁘게 웃는 연습을 하고 핸드폰 카메라로 연습 촬영을 해보아야겠다. 정면에서 찍는 사진은 왠지 낯설다. 그럼 귀여운 포즈로 윙크하는 모습은 어떨까? 이런저런 모습으로 사진찍는 연습을 해보았다. 얼굴이 예쁘지 않아도 괜찮다. 몸매가 날씬하지 않지만 몸이 건강하고, 마음밭이 잘 가꾸진 진정한 내면의 모습을 찍어보면 어떨까 싶다.

누구나 불혹의 나이가 되면 살아온 지난날이 얼굴에 나타난다고 하지 않던가. 거울 앞에서 화장한 얼굴보다, 작은 사진 속에 나타난 모습보다, 내 안의 마음속을 더욱 아름답게 만들고 가꾸기 위해 고민하고 노력하는 오늘의 진정한 내 모습이고 싶다.

독서회원증

'짠, 짠, 짠' 어느 시인의 강의를 인터넷으로 듣던 중 자주 나오던 말이다. 모처럼 영혼을 맑히는 참 많은 생각을 할 수 있는 좋은 강의였던 것 같다. 시인은 우리에게 '열정을 쏟아 살아라,' '자신을 사랑하라.' 는 말을 강조했다. '짠, 짠, 짠' 이란 말이 온종일 귓전에 맴돌며, 시간은 오후로 기울고 있었다.

큰아들과는 달리 작은아들은 책을 읽지 않아서 걱정이다. 이제 고등학교에 가면 늦은 하교에 독서와는 더욱 멀어질 것이 뻔하다. 틈나는 대로 컴퓨터 앞에 앉아 있는 아들에게 '책 좀 읽어라.' 는 내 말은 귓등으로도 듣지 않는 아이이니 더는 어찌할 수 없는 일이다. 하지만 포기란 배추포기 셀 때나 필요하다고 하지 않던가. 아들이 책을 즐겨 읽을 수 있는 좋은 방법은 무엇일까 여러 가지로 생각해 보았다.

작은아들의 전화를 받았다.

연합고사 이후 학원에 다녀오는 일 외에는 집 안에서 나가려 하지 않던 아이가 도서관이란다.

아들은 독서회원카드를 만들기 위해 주민등록등본이 필요하다며 등본 1통을 부탁했다. 나는 오래전부터 기다렸던 반가운 소리다 싶어 도서관에서 만나기로 약속하고 동사무소에 들러 등본을 한 통 떼었다. 약속 시간보다 빨리 갔으나 아들은 벌써 와서 기다리고 있었다. 아들이 독서회원증을 발부받는 시간에 나는 자주 드나들던 코너에서 책 목록을 살폈다.

아침에 강의를 들었던 시인의 시집이 꽂혀 있었다. 『한 잔의 커피가 있는 풍경』이라는 제목에 몹시 호감이 갔다. 책을 꺼내어 나오려는데 이번에는 시인의 이름은 생소한데 『58년 개띠』라는 제목이 눈을 고정시켰다. 그 책은 책 제목 때문에 내용이 궁금해서 들고 나왔다.

아들과 나는 각각 두 권씩 책을 들고 집으로 돌아왔으나 아들은 여전히 딴전이다. 아들에게 책 읽자며 거실 테이블에 앉으니 따라 앉으며 말없이 바라본다. 고등학교에 다니는 형이 학교 수업이 늦게 끝나니 형의 부탁으로 두 권의 책을 빌렸고, 내가 두 권을 빌려서 4권 이상 대여할 수 없기에 작은아들은 빌리지 못했다는 것이다.

아들에게 미안한 마음이 들어 '한 번에 5권씩 대여해주면 좀 좋아.' 혼잣말을 했다. 아들은 대뜸,

"책은 좋아하는 사람이 읽으면 되는 것 아닌가요?" 했다. 나중에 알았던 일이지만 큰아들이 책을 읽지 않는 동생을 위해 회원증을 만들게 하려는 것이었고 그 핑계로 형 책 두 권 빌리면 본인도 한두 권은 빌려 읽지 않을까 하는 계산을 했다는 것이다.

책 읽기를 싫어하는 작은아들은 읽을 만한 책을 찾으려 돌아보았으나 마땅치 않아 고민을 하였는데 마침 엄마가 두 권을 들고 나오니 '짠, 짠, 짠' 속으로 쾌재를 부르고 있었던 것이다.

어려서부터 장난감보다는 책을 더 좋아했던 큰아이 때문에 언제나 10개월로 나누어 지불하는 지로용지로 책을 사다 보니 매달 공과금보다 책값을 훨씬 많이 챙기던 아름다웠던 시간들을 생각해본다. 아이가 점점 자라면서 책값이 도저히 감당이 안 되어 완산시립도서관을 동행하여 이용했다.

내 것과 남편 것 각각 독서회원증을 만들어 아들의 책 총 8권씩 1주일에 1~2회 빌려왔다. 큰아이 초등학교 4학년 가을에 집 근처에 삼천시립도서관이 개관된 후에는 혼자서 도서관을 자유롭게 이용하고 있다. 얼마 전 삼천도서관에서만 대여하여 읽은 책이 1,150권이 넘었다고 말하는 큰아들을 자랑스럽게 바라보았다.

수능을 대비하여 학교 공부에 신경쓰라며 정작 책을 읽을 사람은 여기 있다고 화살을 작은아이에게 꽂았다. "진아, 제발 책 좀 읽어라." 아들은 여전히 침묵한다. 책 읽으면 용돈을 더 줄게. 고개만 좌우로 흔든다. 배달 온 피자와 통닭을 맛있게 먹는 작은아들을 향해 뇌물을 먹었으니 이제부터 꼼짝없이 책을 읽어야 할 것인데, 어쩌지?

문득 내 나이가 작은아이 나이였을 때의 기억이 너무도 생생하다. 마을에서 딸 부잣집으로 불리는 우리 집은 아들이 많은 집보다 언제나 웃음이 넘쳤다. 어느 날 출판사 트럭이 언니를 태우고 마당까지 들어왔다. 둘째 언니는 중학교 졸업선물이라며 토방에 책을 내려놓았다. 한국문학전집과 세계문학전집이었다. 그 시절 나는 참고서나 문제집 사보는 것도 어렵고 힘이 들었다. 더구나 참고서나 문제집이 아닌 교양 도서를 읽기 위해서 산다는 것은 꿈같은 일이었다.

언니가 사온 책 속에 밤낮으로 빠져 살다가 책을 더 많이 읽고 싶은 욕심 때문에 고민을 했다. 그러다 용기를 내어 출판사 사장님에게 편지를 보냈다. 한국문학전집은 갖고 싶은 책이고 세계문학전집은 더 좋은 책으로 교환해달라고 부탁했다. 읽고 싶은 다른 책으로 교환해가라는 답장을 받고 부안읍에 있는 삼성출판사를 찾았다. 생활대백과사전과 국어대백과사전을 먼저 골랐다. 당시 인기 작가 박00의 연애소설 16권 전집과 또 다른 책을 골라놓고 늦은 오후 점심도 쫄쫄 굶었지만 오는 길이 얼마나 행복하였던지…….

주문한 책이 도착한 날부터 아예 방문 걸어 잠그고 소설 속에 파묻혀 있었다. 3일째 되던 날은 어머니가 문 열지 않으면 문을 부숴 버린다기에 잠근 문을 여니 문밖에서 다듬이 방망이를 들고 있었다. 밥도 안 먹고 뭐하냐고 참고서나 교과서도 아닌 책들이 방안 가득 쌓여 있는 것을 보고 책을 사준 언니와 나에게 몹시 화를 내었다. 그렇게 심하게 야단을 맞아도 너무 행복했다. 나는 책 속의 주인공이 되어 울고 웃다 배고픔도 잊었지 싶다.

2년 전 S님의 시집을 받아 읽고 또 읽은 적이 있다. 시집을 읽으며 참으로 오랜만에 울다 웃었다. 요즘은 책을 읽다가 웃는 일도 더더욱 펑펑 우는 일도 없다. 나 또한 어느새 희나리가 되어버린 마음은 아닌지 싶어 놀라곤 한다.

작은아들이 책을 읽었으면 좋겠다. 요즘 아이들에게 인기 있는 판타지 책이라도 가까이했으면 하는 마음이다. 독서회원증으로 남을 위해서가 아닌 자신을 위해 책을 골라 읽으며 한 권의 책을 읽고 만족감에 젖어보는 기분을 아들이 느낄 때 내 마음도 더욱 '짠, 짠, 짠' 일 것 같다.

큰아들의 수학여행

참 좋은 세상에 살고 있는 아이들이 부러울 때가 있다. 고등학교 수학여행을 해외로 간다니. 내가 학교 다닐 때는 감히 생각조차 할 수 없었던 일이다.

나는 작년만 해도 고등학교 다니는 자식이 외국으로 수학여행을 떠난다고 걱정하는 부모에게 걱정 말라고 위로했다. 요즘 애들이 어떤 아이들인데, 외국에서 새로운 것을 보고 느끼니 좋은 경험이라며 부모들을 다독거렸다.

그런데 큰아들이 수학여행지로 중국과 일본을 놓고 선택하라는 설문지를 들고 왔다. 막상 설문지를 받아들고 보니 걱정이 앞섰다. 지금은 공부할 시기인데 아들이 마음 가득 바람만 들어 가지고 오면 어쩌나 걱정이 되었다. 그래서 아들에게 엄마는 양쪽 모두 마음에 들지 않으니 제주도나 설악산을 써도 되느냐고 물었다. 생명공학을 전공하고 싶다는 아들은 일본에 가서 발달된 과학의 세계를 둘러보고 싶어 했다. 자식 이길 부모 없다더니 나 또한 아이가 원하는 대로 선택하여 보냈다.

수학여행지가 양자택일이라 했으니, 내심 중국으로 갔으면 했는데 설문조사 결과 80%가 일본을 선호하여 일본으로 확정되었다지만 나는 화가 났다. 일본은 오랜 세월 우리나라를 억압했고 수탈한 수많은 흔적들을 보고 들었던 기억을 떠올리며 왜, 하필 일본이지 이왕에 가려면 중국으로 가서 넓은 대지와 거대한 문화를 볼 것이지, 불만의 목소리가 아이에게 고스란히 전해졌다.

아들은 틈틈이 일본에 관한 책을 펴고 그곳의 문화와 언어 등등, 나름대로 공부를 했다. 그런데 일본은 어느 날 자기 무덤 파기에 들어갔다. 고약한 심보를 여실히 드러내놓고 내 것은 내 것이고, 네 것도 내 것이라며 마귀할멈 같은 소리를 내지르며 독도를 자기네 땅이라고 우겼다. 참으로 얼마나 어처구니없는 망발이란 말인가. 나는 기가 막히고 약이 올라 흥분이 쉽게 가라앉지 않았다.

결국은 일본과 심한 갈등과 대립이 빚어지자 우리 국민의 분노가 커졌고, 그 결과 아들의 학교는 일본 수학여행에 대한 모든 예약과 일정을 취소하고 중국 북경으로 수학여행지를 돌렸다.

아들은 또다시 인터넷을 뒤져 중국에 대한 정보를 찾고 학교에서 준비해준 자료를 습득하기도 하며 열심히 중국 여행 준비를 했다. 수학여행을 떠난 아들과는 처음으로 오랜 시간 떨어져 있기에 집을 떠날 아이 생각에 잠을 설치며 걱정의 기도를 했다.

지금도 큰아이에게 많은 신경을 쓰는 이유는 어렸을 때의 교통사고 때문이다. 오랜 시간 수술을 마치고도 중환자실에서 48시간 이상 의식이 돌아오지 않아 내 가슴을 까맣게 태운 적이 있다. 그런 아들과 4박 5일이나 떨어진다니 여간 걱정이 아니다. 새벽 3시에 출발한 아들을 위하여 주님께 부탁하며 겸손히 머리를 숙였다. 나로서 할 수 있는 일은 아들을 위한 기도밖에 없었다.

다른 아이들처럼 여유 있게 용돈을 주지도 않았는데, 평소 혼자서도 다기(茶器)에 차를 마시는 내 모습을 보아온 아들은 자스민 차와 구용 차를 선물로 내놓았다. 요리의 나라에 갔으니 먹고 싶은 음식 먹고 선물은 사지 말라고 당부했건만, 대부분의 용돈을 비싼 차(茶)를 사는 데 다 지출했다.

요즘 들어 시력이 많이 떨어졌는지 실과 바늘을 잡고 실랑이하는 모습을 보았던 아들은, 자스민이 눈을 좋게 한다는 설명을 듣고 망설임 없이 구입을 하였단다. 구용 차는 피부미용에 특히 좋다는 설명을 듣고 선택하였다니 아들의 마음이 참으로 기특했다. 나도 자스민 차는 가끔 마셔보았지만 피부미용에 좋다는 구용 차는 마셔본 기억이 없어서 관심 있게 열어 보니 분명히 용기와 글씨는 다른데, 향과 내용물은 자스민과 똑같았다.

아들은 도저히 이해가 안 된다는 표정으로 번갈아 용기를 살피더니 속상하고 미안해서 어쩔 줄을 몰랐다.

"아들아, 미안해하지도 더더욱 속상해하지도 말아다오. 엄마는 이미 너에게서 그 이상의 사랑을 받았으니 말이다. 잘 건조되었으니 오랫동안 두고 마셔도 좋고, 다른 사람에게 선물해도 좋지 않겠니?"

뉴스에서나 여행지에서 사기당한 사람들의 말을 빌리면 먹는 음식 가지고 장난친다고 하더니 이번에 우리 아들이 당하고 온 것을 내 눈으로 보았다. 어른들은 각성하여 진실된 마음으로 살아야지 싶다. 여행 다녀 온 아들이 부쩍 성숙한 느낌이 들었지만 수학여행이니 단체로 활동하며 무엇을 얼마나 보고 왔을까, 기대하지도 않았는데 아이는 의외로 여행지에서 보고 느낀 것을 논리적으로 이야기했다.

아들은 다음에는 혼자서 배낭여행을 가야겠다고 했다. 나름대로 아주 귀한 시간을 보낸 것 같아 대견하기까지 했다. 그동안 걱정하며 조바심으로 애태웠던 시간들이 모두 물거품이 되었다. 아들은 피로가 엄습해 오는지 제 방으로 들어가 긴 잠에 빠졌다. 나는 아들의 잠자는 방문을 살며시 몇 번씩 열어보았다.

남편의 군화

군화는 군인들과 예비군들이 신는 신발이다. 영화나 TV에서 가끔씩 볼 수 있는 군인들의 절도 있는 발걸음에서 위압감과 안전감을 함께 느낄 수 있다. 그런 군화를 보면 생각만 해도 보무당당한 행군 소리가 들리는 듯하다. 그 소리는 젊음과 패기가 넘친다.

결혼하여 단칸방에서 신혼살림을 시작했다. 제법 넓은 다락방이 마음에 들었다. 다락방으로 자질구레한 살림도구들이 몽땅 들어가고도 남았다. 집 정리를 하고 나니 단칸방이지만 방이 제법 깔끔했다. 그렇게 이사를 한 후 남편의 물건들도 하나둘 들어왔다. 어느 날 남편이 네모난 상자 하나를 안고 들어왔다. 그 속에 무엇이 들어 있느냐는 질문에 별거 아니라며 다락방에 깊숙이 넣었다.

다락방에 놓여 있는 상자 속의 물건이 무엇인지 궁금했지만 그럴 때마다 고개를 흔들곤 했다. 그렇다고 남편 몰래 올라가서 상자를 열어보고 싶지는 않았다. 상자 속 궁금증이 잊힐 무렵 남편은 향토예비군 훈련장에 가야 한다며 예비군 옷을 차려입고 다락방으로 올라가더니 네모난 그 상자를 들고 나왔다. 상자 속에는 헌 군화가 잘 손질되어 나란히 들어 있었다. 남편은 군화와 베레모로 단장하고 멋지게 포즈를 취했다. 패기와 열정으로 충만했던 20대의 젊음이 되살아나는 듯 '충성' 하며 경례를 했다.

큰아이가 태어난 뒤에 조금 더 좋은 집으로 이사를 했다. 살아가면서 꼭 필요한 물건만 구입했지만 이삿짐 보따리는 찐빵마냥 부풀어 있었다. 세월과 함께 남편이 곱게 넣어둔 군화 상자는 사라지고 신발장 속에 먼지 낀 남편의 초라한 군화가 놓여 있었다. 이제 신지도 않는 군화가 거슬려 쓰레기 봉지에 담아 내놓았더니 남편은 군화의 먼지를 털고 깨끗이 닦아 신발장에 다시 넣었다.

1994년 지금 이곳에 집을 지어 이사를 오면서 분명 군화를 신발장에 그대로 두고 왔는데 새로 이사 온 집에 맨 먼저 군화가 들어와 있었다. 아이들이 커갈수록 신발장이 좁아지면서 액자처럼 있는 군화가 거슬려 언제나 곱지 않은 눈길을 주곤 했다. 이제는 아무 쓸모없는 군화를 버리기로 마음먹었다. 마침 남편이 3박 4일 제주도 출장이었다. 이때다 싶어 남편의 군화를 꺼내 쓰레기 봉지에 담아 대문 밖에 내놓았다.

가벼운 마음으로 손을 털고 뒤돌아서려는 순간 쓰레기를 뒤집어쓴 남편의 슬픈 얼굴이 바라보는 것만 같았다. 그 순간 남편에게 크게 잘못한 것은 아닌지 생각했다가 그냥 뒤돌아왔다. 집에 들어왔으나 어쩐지 마음이 편치 않았다.

대문 밖 쓰레기 속에서 다시 군화를 꺼냈다. 먼지로 분칠한 군화를 털었다. 뿌연 먼지가 춤을 추며 멀리 아주 멀리 날아갔다. 군화가 고맙다고 자꾸만 인사를 하는 것 같았다. 남편의 군화를 신발장에 다시 넣고 미안한 마음에 남편에게 안부 전화를 했다.

이제 남편의 군화에 대해서는 침묵할 것이다, 신지도 않을 군화를 남편이 그렇게 소중하게 여기는 것은 분명 내가 알지 못하는 사연이 있지 싶다. 결혼 전 남편은 가정의 미래를 설계하면서 아들을 원치 않았다. 딸 부잣집 막내로 태어난 나로서는 도저히 이해가 되지 않았다.

남편은 아들을 낳아 군에 보내기가 정말로 싫다는 것이었다. 남편은 특전사 부대에서 통신병으로 근무를 했다고 한다. 죽을 고비를 여러 차례 넘기며 춥고 굶주림과 고된 훈련 등등 당해본 사람만이 알 것이라며 슬픈 눈동자를 감추려는 듯 외면했다.

군화에 대한 이야기는 속속들이 말하지 않았지만 아마도 남편은 잊을 수 없는 추억과 애환(哀歡)이 있지 싶다. 어쩌면 남편은 현재의 삶이 지치고 힘이 들 때마다 군화를 바라보며 힘과 용기를 얻는지도 모르겠다.

포기하지 마
– 시험보는 날

한국방송통신대학교 국어국문학과 전공과목과 교양과목 중간고사(中間考査)를 보았다. 교양과목은 Report를 제출하고 전공과목은 대부분 주관식이기 때문에 큰 어려움 없이 괜찮은 점수를 받았다.

이제 남은 것은 기말시험이다. 기말시험 날짜가 공고되었기에 나름대로 계획을 세워 공부를 시작했다. 방송강의와 출석수업을 들으며 나름대로 공부를 했지만 언제나 그때뿐이다. 다음날에는 기억이 잘 나지 않는다. 이런 나의 단점을 알기에 더욱 반복 공부를 했다.

그래도 부족하다 싶어 인터넷을 이용하여 보충자료까지 정리하고 며칠 동안은 온 신경을 쓰며 지냈다. 시험지를 받아보기 전까지만 해도 기대와 자신감이 젊은이들 못지않게 넘쳤지만 막상 시험지를 받아보니 끝없는 절망의 늪으로 추락하는 것 같았다.

순간 머릿속은 이미 백지가 되어버렸고 심지어 학번까지 기억나지 않아 시험 감독관의 도움을 받아야 했다. 그동안 공부했던 모든 것들이 뒤죽박죽이 되어 하나도 또렷이 생각나지 않았다. 자리에서 일어나 밖으로 나가고 싶었지만 일어날 기력과 용기도 나지 않았다.

각 과목 시험지는 35 문항이고 전 과목이 객관식이다. 힘을 내어 문제를 여러 차례 읽으며 시험지를 풀어나갔다. 최소한 F학점은 면해야지 하며 오답이든 정답이든 답을 써내려갔지만 한숨이 저절로 나왔다. 수능시험 보던 중 아이들이 자리를 박차고 나갔다거나 때로는 자살하였다는 소식을 접할 때마다 그깟 시험이 뭐라고 목숨을 거느냐며 마음 아파했는데, 이제야 그 심정을 절절히 이해할 것 같았다.

1960~70년 내가 공부하던 시절에는 모든 것들이 부족했다. 참고서나 문제집 한 권 없이 교과서를 전부로 여기며 공부했어도 나는 불평 한 번 하지 않았다. 십 리 길을 오가며 영어단어나 수학공식을 외웠다. 그렇게 별도로 공부하지 않아도 시험을 볼 수 있었다. 친구들은 대부분 어린 나이에 도시로 나가 일을 했지만 나는 이른 아침이면 학교 가라며 깨우는 어머니의 목소리에 감사했고, 먼 길을 걸어다녀도 행복했다.

그때에 비하면 지금 난 부족한 것이 무엇인가? 모든 게 넘치지 않는가? 말없이 바라보며 응원해주는 남편과 무조건 족집게 강의라며 도와준다고 다가오는 큰아들 녀석이 있어 든든하다. 그 나이에 과연 할 수 있겠느냐고 비웃듯이 말하지만 작은아들도 마음속 깊이 응원하고 있음을 나는 알기에 더욱 용기를 내어 보았던 늦깎이 공부가 아니었던가. 든든한 가족의 도움이 나에게는 아주 큰 힘이 되고 용기와 희망을 주었다.

한국방송통신대학교 입학통지서를 받고 입학금과 등록금을 납입하고 문득 아흔을 바라보는 어머니가 보고 싶어 찾아갔다. 어머니에게 대학

가려고 은행에 등록금 내고 왔다고 했다. 아이들 뒷바라지나 하라는 어머니에게 더 늦기 전에 나도 공부하고 싶다고 했다. 두 아들 공부시키기도 힘들 텐데 너까지 보태냐면서도 등록금에 보태라며 쌈짓돈을 꺼내었다. 등록금을 이미 냈다며 사양했지만 그래도 어머니는 쉰 살이 넘은 신입생인 딸에게 뭔가를 사주고 싶어 하였다.

초등학교에 입학하는 아이처럼 나는 어머니에게 입학선물로 필통과 볼펜을 사달라고 했다. 공부를 시작하고부터 지인들과의 만남이 뜸해졌다. 물론 글 쓰는 일도 접고 학교공부에만 매달렸다. 지인들은 그 나이에 머리 아프게 무슨 공부냐며 그럴 시간 있으면 함께 산이나 바다로 다니자고 유혹했다. 그러나 다른 지인들은 아주 잘했다며 열심히 하라고 응원해주기도 했다.

10년 전 대학에 가려고 계획을 세웠지만 그 당시 내가 하던 사업이 실패했다. 남편에게 미안한 마음이 들어서 나는 모든 것을 포기해 버렸다. 하지만 지나고 보니 공부를 포기한 것이 아니었다. 마음 깊은 곳에서 대학에 가고 싶은 마음을 단 한 번도 놓지 않았다. 다만 어차피 늦었으니 아이들 공부 마치고 난 후에 하려던 것이 조금 앞당겨졌을 뿐이다.

대학은 누구보다 내가 다니고 싶었고, 목적을 두고 공부하는 시간이 너무 소중했다. 그러나 열정만 앞섰고 지식은 낮은 곳에 그대로 두었지 싶다. 이제 다시 시작한다는 마음으로 더욱 열심히 노력하여 다음 기말 시험을 대비하고 싶다.

주변에서 어려운 일을 당하면 어떻게 대처하느냐고 가끔 질문할 때가 있다. 나는 운전을 하며 길을 가다가 잠시 갈 길을 잃었다고 거리에 서 있으면 어떻게 되겠느냐고 반문한다. 분명 어느 곳으로든 길을 가야 할 테고 직진을 못하거든 좌회전과 우회전 그리고 유턴을 해보면 알 수 있을 거다. 그래도 길이 없다고 생각하면 도롯가에 차를 세우고 잠시 쉬어가라 한다. 그렇게 언제나 포기(抛棄)만 하지 않으면 된다고 나는 말하곤 했다. 지금 나는 다시 다짐해 본다. 내 인생에 포기란 없다고.

그 길을 걸으며

2

나무와 열쇠

가을비가 내리려는지 아침부터 날씨가 심상치 않다. 흐린 하늘을 바라보다가 문득 어딘가로 떠나야 할 것 같은 급한 마음에 함께 가고 싶은 지인에게 메시지를 보냈다. 답장이 곧바로 왔고 우리는 서둘러 준비하여 전주를 벗어나려 했다. 그녀가 차에 오르며 목적지는 정했냐고 했다. 그러고 보니 무조건 나왔을 뿐이다. 어디에 가는 것은 그리 중요하지 않았지만 그녀에게 꼭 보여주고 싶은 곳이 생각났다.

장항 송림산림욕장은 해변을 자동차로 달리는 기분도 그만이지만 바닷물이 만수가 아니면 바닷가에 자동차를 세워 놓아도 괜찮은 곳이기도 하다. 도착하니 마침 바다는 밀물 시간이라서 거센 바람과 함께 무서운 속도로 물이 차오르고 있었다. 해변을 자동차로 달려 소나무 아래에 세워놓고 소나무에서 나오는 피톤치드와 바다에서 오는 음이온을 마시며 우리는 오솔길을 걸었다.

그렇게 한참을 걷다가 문득 자동차 문을 잠갔는지가 궁금해졌다. 그녀는 문을 잠갔을 것이라고 했지만 나는 도대체 기억이 나지 않았다. 할 수 없이 되돌아가서 확인한 결과 자동차 문은 안전하게 잠겨 있었다. 우리는 명상의 거리를 걷다가 벤치에 앉았다. 벤치 앞 맞은편에는 윤동주의 시(詩)가 걸려 있었다. 소나무 오솔길에 아주 잘 어울리는 시 「나무」였다.

나무가 춤을 추면
바람이 불고
나무가 잠잠하면
바람도 자오

윤동주 시인은 기독교 청년으로서 독립운동 가담 죄목으로 체포되어 일제강점기에 젊디젊은 나이에 차가운 감옥에서 생명을 놓아버렸다. 윤동주 시인의 아픔을 절절히 느끼며 그녀는 한 편의 시(詩)를 나는 수필을 생각했다. 우리는 한 시간 넘게 산림 숲 오솔길을 누비고 다니다가 다리도 아프고 배도 고파 점심을 먹으려고 자동차 앞까지 갔으나 자동차 열쇠가 없었다.

손에 들고 다녔던 것을 어디에 놓았는지 도대체 기억이 나지 않는다. 어처구니없는 현실 앞에 마냥 주저앉아 있을 수는 없었다. 그녀가 그래도 정신을 먼저 차리며 나에게 윤동주 시가 있는 벤치에 가보자고 했다. 윤동주 시가 있는 곳 벤치에 놓고 온 것 같긴 하지만 그곳을 찾을 길이 막막했다.

거미줄같이 엉클린 미로의 이 산책길을 우리가 어찌 찾아가서 열쇠를 찾는단 말인가. 만약에 그곳에 찾아가더라도 다른 사람이 열쇠를 발견하고 가져갔다면 어찌한단 말인가.

열쇠를 잃어버린 현실을 애써 부인하고 싶었다. 열쇠를 찾기 위해 우리는 갈라서 길을 찾다가 서로 마주치면 또다시 헤어져 열쇠를 찾아 헤맸다. 이렇게 뭘 자꾸 잊어버린다면, 이런 일이 반복되면 살아갈 앞날이 참으로 비참할 것만 같아서 내 인생이 지레 슬프기까지 했다.

만약에 열쇠를 찾지 못하면 자동차 보험회사에 전화를 해서 차를 운반하여 가까운 장항 어느 공업사에서 열쇠 박스를 바꾸어 끼면 되겠지만 그곳에서도 당장 열쇠 박스를 바꿔준다는 보장도 없고 하는 수 없이 택시를 타고 버스를 타고 집에 갔다가 다시 이곳으로 와야 하고 그러면 시간이……. 생각만 해도 복잡하고 아득한 필름들이 정신없이 지나가는 동안 오솔길을 뛰다시피 걸어다니며 열쇠를 찾아 헤맸다.

이제 점점 지쳐갈 무렵 그녀에게서 전화가 왔다. 열쇠를 찾았다는 것이다. 나는 안도의 한숨을 몰아쉬었다. 열쇠는 윤동주 시가 걸린 벤치에 놓여 있었다고 했다. 나는 온몸에서 진액이 빠져나간 것처럼 한 발도 움직일 수가 없었다.

'나 진짜 왜 이러는 거야.' 그녀와 자동차 앞에서 만나기로 약속한 후에 다니던 길 위에서 나는 또다시 갈 길을 잃어버린 것처럼 한참 동안 멍하니 서 있었다. 친구야, 이거 진짜 치매 맞지? 나는 윤동주의 시 「나무」 앞에서 다시 한 번 그 시를 이렇게 바꾸어 읽어 보고 싶었다. 나무가 열쇠를 잃으면 바람이 불고 열쇠를 찾으면 바람이 잔다.

오봉산에 올라

오봉산은 풍성한 산으로 기억된다. 특히 가을에는 알밤과 잘 익은 으름 열매를 따먹고, 주홍빛 감을 배낭에 가득 넣어 왔던, 어느 산보다 풍요로움을 안겨준 나에게는 추억이 깃든 산이다.

오봉산은 자연 그대로의 멋을 지니고 있어 더욱 기억에 남아 있는지도 모르겠다. 그뿐 아니라 만추의 계절과 어우러져 나무뿌리의 강인한 생명력에 누구나 반할 만한 산이다. 나는 오봉산을 말할 때면 뿌리의 산이라고 말하곤 한다.

모임에서 봄 산행은 오봉산이라 하기에 오봉산의 봄이 궁금하여 동행했다. 오봉산에 오르니 죽은 듯이 서 있던 나목과 앙상한 가지에서 나도 살아있다고 아우성치듯이 새움이 트기 시작하고 있었다. 하늘로 치솟던 소나무가 여기저기 쓰러져 희나리가 된 모습은 오늘따라 더욱 처참해 보였다. 생(生)과 사(死)의 모습을 오봉산에 오르며 나는 더욱 절실히 느꼈다.

가을에 받았던 풍성함과 정겨움은 어디서도 찾아볼 수가 없었다.

산을 오르는 길은 등산로라기보다는 오솔길처럼 정겨웠다. 맑은 계곡물을 마음껏 마시고 싶은 마음을, 계곡의 물속으로 첨벙 뛰어들고 싶은 충동을 참아내며 작은 계곡과 돌다리를 건넜다. 곳곳에서는 새들의 아름다운 사랑의 속삭임이 이어졌다. 그들의 속삭임이 너무 사랑스러워 발자국 소리마저 미안했다.

산에 오를수록 쓰러져 퇴색된 나무들 위로 또 다른 나무들이 쓰러져 뒤엉켜 있었다. 참 많이도 쓰러졌다. 나무들은 대부분 리기다소나무들이었다. 리기다소나무는 일본에서 들어온 일본소나무다. 일본은 우리나라의 질 좋은 소나무를 무참히 벌목해 가져가고 대신 빠른 시간에 웃자라는 리기다소나무로 매워놓았지 싶다. 최고의 몸값을 자랑하는 금강송 대신 리기나소나부가 커다란 키를 더 이상 지탱할 수 없어 자폭(自爆)하듯 쓰러진 모습을 보니 마음이 아렸다.

금방이라도 쓰러질 것 같은 리기다소나무들이 저렇게라도 버티고 서 있는 것은 겨우내 나무들에게 이불을 덮어주고 다독여준 가을에 떨어진 주변의 떡갈나무 등등의 나뭇잎 덕분이지 싶다. 세찬 바람에도 물러서지 말라고, 한겨울을 잘 버티라고 나무들을 격려해주고 응원해 준 덕으로 쓰러질 것만 같은 소나무들은 또다시 새 봄을 맞이하고 있었다.

산 중턱쯤에 오르니 널따란 바위 위로 자기 몸 둘레만큼이나 굵은 뿌리를 4~5m 아래까지 땅에 뿌리를 내린 강인한 생명력에 감탄사가 절로 나왔다. 더욱 괴상한 녀석은 옆에 서 있는 친구의 몸을 뚫고 나와 자라는 모습이었다. 곱게 자라다가 무슨 사연인지 갑자기 둘로 나뉘어 서로 경쟁하듯 자라는 나무를 나는 우두커니 바라보았다. 그들에게도 내가 알 수 없는 저들만의 세계와 갈등이 있다는 것을 새삼스럽게 느낄 수 있었다.

정상은 겨우 해발 500m가 조금 넘지만 운무가 아름답다는 옥정호의 그림 같은 풍경은 볼 수가 없었다. 하지만 옥정호 안의 작은 섬 붕어 형상의 외앗날 마을을 유심히 바라보니 물살을 가르며 헤엄치는 황금붕어 한 마리처럼 선명하게 보였다.

노령산맥 귀퉁이에 속해 있다는 옥정호는 산을 끼고 굽이굽이 돌아가는 강줄기 따라 은빛 물결이 반짝이고 있었다. 정상에 앉아 아름다운 옥정호을 바라보며 나는 모든 시름을 잠시나마 잊어버리고 복잡한 머리도 비울 수가 있었다.

오봉산의 국가 소유 땅은 벌써 남쪽 아래부터 벌목이 시작되었다고 한다. 벌목하는 사람들은 요란한 굉음을 내며 크고 작은 나무들을 무참히 잘라 발가벗기고 있었다. 이제 머잖아 오봉산도 벌거숭이가 되려니 싶다. 일제강점기 그때도 나무들은 저렇게 무차별로 벌목 당했을 터인데 불과 100년도 안 되어 또다시 벌목을 당하는 이곳의 나무들은 얼마나 고통스러울지 모르겠다. 천 년을 자랑해야 하는 나무들이 불과 수십 년 만에 우리 곁에서 사라지고 잊힌다는 것이 마음 아팠다.

이제 오봉산이 더욱 건강하고 아름답게 거듭났으면 좋겠다. 완주군과 임실군이 한데 어우러진 곳, 새끼줄로 김씨네 땅, 이씨네 땅으로 줄치기 전에 아름다운 오봉산이 우리 곁에 그대로 남아 있으면 좋겠다. 아름다운 오봉산이 이제는 사람의 욕심이나 이기적인 계산으로 무참히 짓밟히는 일이 없기를 바란다. 나는 이렇게 아름다운 곳에서 자연을 사랑하고 소중히 여기는 또 하나의 참사랑을 배우고 간다.

보리밭과 바다

불면증이 또다시 시작된 것은 아닐 것이다. 밤새 내린 빗소리 때문이라고 자위하면서도 불안한 마음은 가시지 않는다. 새벽 3시가 지나고 있다. 잠을 잘 수 있게 밤비가 멈추거나 차라리 아침이 빨리 왔으면 좋겠다. 칠흑 같은 어둠 속에 하염없이 밤비가 내리고 있는 창밖만 바라보다가 뜨거운 커피를 마시며 빗소리에 조용히 귀를 기울였다.

문득 S시인의 「비가 오면」 이란 시가 생각났다. 좋은 시에 곡을 붙인 노래가 내 마음을 편안하게 해주어 노래를 내 블로그에 저장해 놓고 간간이 듣곤 했다. 이렇게 밤비가 내리고 잠이 오지 않는 날에는 반복해 듣다가 어느새 중얼중얼 따라 부르기 일쑤다. "비가 오면 나는 왜 바다가 그리워질까, 밀려가는 썰물처럼 바다가 그리워져……." 산사에 계신 S시인님에게 비와 함께 안부 메일을 보내고 비가 그치기를 기다렸지만 결국 아침이 먼저 찾아왔다.

S시인에게서 빗소리에 젖은 목소리로 전화가 왔다. 선약이 있어 만경으로 출발하려다 메일을 보았다며, 비와 그렇게 씨름하지 말고 차라리 비가 내리는 바다에 가자는 것이었다. 비가 내리는 바다를 보고 싶다고 한 말이 마음에 걸린 모양이다.

김제에 도착할 즈음에는 약해진 빗줄기가 어느새 따스한 햇살로 바뀌었다. 비 개인 오후 햇살이 쏟아지는 김제평야 보리밭은 참으로 장관이었다. 지평선과 어우러진 녹색의 물결, 푸른 보리밭이 파도치듯 달려드니 감탄사가 절로 나왔다. 작년 가을 추수를 마친 논에 부지런한 농부의 손길이 이렇게 아름다운 작품을 만들었을 것을 생각하니 더욱 감사한 마음이 들었다.

끝없이 펼쳐진 보리밭은 푸른 물결을 출렁이며 파도타기에 여념이 없었다. 그렇게 보리밭을 스쳐지나가면서 어린 시절 아린 기억이 떠올랐다. 보리가 익어갈 무렵인 보릿고개였지 싶다. 먹을 것이 궁한 시절, 엄마가 덜 익은 보리를 베어 가마솥에 삶은 뒤 껍질을 벗기고 사카린을 넣어 만들어 준 그 보리민대가 그 무렵의 우리에게는 최고의 간식이었다. 나는 그해도 보리민대를 먹기 위해 보리밭으로 엄마를 따라나섰다. 엄마 몰래 낫으로 보리를 베려다 왼손 손등을 다쳐서 40년이 지난 지금도 그 흉터가 남아 있다.

옛 추억을 되새기며 차창 밖으로 펼쳐진 푸른 들판은 끝이 없는 줄 알았는데 심포항 방파제에 다다르니 보리밭은 끝나버렸다. 회색빛 하늘과 바다가 맞닿은 심포항에는 물안개가 자욱이 피어올랐다. 소곤소곤 이야기를 풀어주는 바다는 무엇이 그리 좋은지 오늘은 싱글벙글이다. 심포바다에 참 오랜만에 왔다며 먼저 안부를 전했다.

내가 바다를 좋아하는 특별한 이유가 있다. 둘째 언니를 먼저 천국으로 보내고 그 빈자리가 쉽게 메워지지 않았다. 그러다가 결국 나는 불면증에 시달렸다. 밤이면 몽유병 환자처럼 잠을 이룰 수가 없었다. 그런 나날이 계속되던 어느 날부터 낙조가 떨어지는 바닷가에 앉아 있는 시간이 잦아지면서 불면증도 서서히 사라졌다.

바다는 나에게 어떠한 말도 필요로 하지 않는다. 어느 날부터 바다는 그렇게 내 이야기를 모두 들어주고 넋두리도 마다하지 않는 참 좋은 친구가 되었다. 바다는 내가 아무리 소리쳐도 귀를 막지 않고, 설움에 겨워 눈물을 흘리면 해풍으로 닦아주고, 파도는 커다란 이불이 되어 감싸주곤 했다.

썰물은 내게 있는 모든 원망이나 아픔과 섬유, 고통까지도 모두 다 가져다가 아주 먼 바다 깊은 곳에 던져버렸다. 바다는 그렇게 내 아픔을 조금씩 가져갔고 갈매기와 동행한 희망이라는 밀물이 가슴 가득 들어왔다. 그렇게 아픈 가슴속 응어리를 풀어내면서 나는 서서히 바다와 친해졌다.

지난날들이 필름처럼 스쳐지나가는 것을 지우려 하늘을 올려다보았다. 마음에 또다시 평안이 온다. 물안개가 피어오른 잿빛 바다와 걸으려던 방파제 길을 뒤로하고 일행이 모여 있는 곳으로 발길을 돌렸다. 오랜만에 찾아온 심포 앞바다 허름한 조개구이 집 앞에 둘러앉은 우리들의 웃음소리가 먼 바다로 건너가고 있었다.

독도 여행

육지에서 약 214km, 울릉도에서 동남쪽으로 약 92km 거리에 있는 독도는 1년에 40여 일 길이 열린다는데…….

밤새 뜬눈으로 지새우다 이른 새벽 전주에서 출발하여 동해에 도착, 울릉도행 여객선에 올랐다. 독도에 꼭 가고 싶었지만 당일 날씨와 파도에 맡겨야 한다며 선박관리사무소는 예약도 받지 않았다. 날씨가 그리 나쁘지 않아 다행이구나 싶었지만, 울릉도에 도착할 무렵 현지인과 통화 결과 독도 가는 표가 매진되어 갈 수 없을 거라는 말에 아찔했다.

다행히 현지인의 수완으로 독도 가는 배에 올랐으나 점점 짙어지는 회색빛 하늘이 오늘따라 원망스럽기까지 했다. 울릉도에서 출발할 때 심상치 않은 날씨와 달리 독도에 도착할 무렵에는 화창한 날씨와 잔잔한 파도가 반겨주었다. 1시간 넘게 물살을 가르고 달려온 보람이 감동으로 밀려왔다. 벅찬 가슴으로 독도 땅에 발을 내렸다. 감사한 마음과

감격이 눈앞을 흐리게 했다.

독도지킴이 천연기념물 386호 삽살개 '곰이와 몽이' 가 단걸음에 달려 마중나올 줄 알았지만 사방의 바닷새가 경계를 풀지 않고 독도를 지키고 있었다. 내가 밟고 서 있는 이곳의 바다 깊이가 무려 2,000m, 해저로부터 차곡차곡 쌓여 형성된 화산섬 독도는 신생대 제3기~ 4기에 생겨난, 울릉도보다 먼저 형성된 형님 섬이란다.

'대한민국 동쪽 땅 끝' 이라고 돌판에 새겨진 글자를 어루만지며 우리의 소중한 영토임을 새삼 확인했다. 독도는 행정구역상 경상북도 울릉군 울릉읍 독도리 산 1~37번지다. 일본이 독도를 '다케시마' 로 바꾸고 자기네 땅이라 생떼를 쓰는 이유를 이곳에 와 보니 알 것 같다.

독도는 국방상의 중요한 요지이다. '배타적 경제 수역(EEZ)' 을 선포할 수 있을 뿐만 아니라, 독도 인근에 매장된 고체 상태의 천연 가스인 하이드레이트와 석유보다 귀한 물인 심층수는 미네랄과 유기질이 풍부하여 휘발유보다 5배 이상 비싼 가격에 의약품 원재료로 사용되고 있다고 한다. 독도 주변 해역은 대만 난류의 흐름이 교차하는 수역으로, 프랑크톤이 풍부하여 회유성 어종이 많아 경제적으로도 매우 중요한 황금어장이란다.

독도는 512년 울릉도와 함께 고려에서 신라에 귀복된 돌섬. 화산으로 형성된 섬을 바라볼수록 신비하다. 수면 아래, 3개의 해산으로 이루어진 독도는 심해저(深海低)에서 2,000여m 높이로 솟아오른 3개의 해산으로 구성되어 있다 했다. 지질학적으로 450만 년에서 250만 년에 형성된 것으로 여러 단계의 화산활동을 거침으로써 다양한 지질 형태를 갖추고 있다는 것이다.

바닷속은 한 치를 분간할 수 없지만 눈앞에서 출렁이는 바다를 보며 이쯤에 심층수와 저기쯤 하이드레이트가 잠자고 있겠지 하며 바라보았다. 독도지킴이 곰이와 몽이를 만나려면 계단을 올라가야 했지만 해군들이 접근금지 구역으로 지키고 있었다. 아쉬움을 달래며 카메라를 줌으로 당겨 곰이와 몽이를 찾았지만 갈매기들만 가득 화면에 담겼다. 독도를 이렇게라도 둘러볼 수 있었던 것은 정말로 하나님이 도왔다고 기뻐하며 다음 행선지 울릉도로 향했다.

보길도

보길도 가는 첫 배를 타기 위해 나는 땅끝 마을 해남에서 하룻밤을 머물렀다. 내일은 비가 내린다는 일기예보에 밤새 어둠에 싸인 바다를 바라보며 잠을 설쳤다. 이른 아침 보길도를 향해 '장보고' 여객선은 땅끝 마을과 점점 멀어졌다.

남해의 깊고 푸른 파도를 가로지르며 달리는 뱃길 양옆으로 삶의 근간인 양식업 부표들이 즐비하게 떠 있는 모습이 마치 거미줄 같다. 바다가 삶의 터전인 이곳 어부들은 먼 바다에서 고기를 잡으며 다양한 양식어장을 가꾸고 있었다. 섬 주변 어선 위에 작업용 포클레인이 많은 것이 이곳의 특색이다. 부표 밑에 서로의 그물을 바닷속에 내려놓고 하늘의 뜻으로 생활하는 어부들의 마음을 곰곰이 생각해보았다.

파도가 거칠어지면 어쩌나 이런저런 생각들이 복잡한 바닷속에서 얽히고설킨 그물같이 내 머릿속을 비집고 들어온다. 모든 것을 비우고 마음을 내려놓으려 보길도에 찾아가지만 또다시 복잡해지면서 시시콜콜한 수많은 생각들로 괜스레 부산해진 마음을 돌리려 갑판 위에 서서 하늘과 바다가 하나 된 수평선에 시선을 옮겼다.

보길도 전망대에 도착한 시간은 일출이나 일몰을 볼 수 없는 시간이었지만 복잡하고 답답했던 마음을 털기엔 충분했다. 끝없이 펼쳐진 바다 위에 크고 작은 섬들이 한 폭의 그림처럼 들어왔다. 넓고 넓은 남해가 잔잔한 호수 같아 보였다. 아무리 바라보아도 신비로운 남해의 절경에서 발걸음이 쉽게 옮겨지지 않았다.

공룡 알 해변인 보죽산 입구 고풍스런 동백나무 숲이 자리한 갯돌 해변에서 들려오는 시원스런 파도 소리가 지치고 곤한 영혼 내려놓고 잠시 쉬어 가라 했다. 동백나무에 기대고 앉아 먼 바다를 바라보아도 좋지만, 파도 소리가 가까이 들리는 갯돌 해변에 앉아 눈을 감고 바다 이야기를 듣고 있으니, 나는 어느새 소녀가 되었다가 밤하늘 별이 되었다가 억척스런 아줌마가 되기도 했다. 지나온 시간들이 주마등처럼 스쳐 지나가며 살아있음에 감사함을, 아름다운 자연을 볼 수 있음에 더더욱 감사함을 기도했다.

보길도 공룡 알 해변의 갯돌은 수천 년 동안 파도에 씻기어 동글동글 모난 구석이 하나 없었다. 나도 이처럼 살아야 한다는 답을 얻은 것 같아 가벼운 마음으로 고산 '윤선도'의 원시림 무릉도원을 찾아갔다.

윤선도가 시(詩)를 읊고 풍류를 즐기며 놀았다는 세연정은 시냇물을 돌로 쌓아 막았다. 작은 정자를 둘러 흐르고 있는 회수담은 다섯 물길로 왔다가 세 군데로 흐르게 과학적으로 해놓았다는 설명을 읽으며 선조들의 지혜에 감탄사가 절로 나왔다. 지금은 물이 흐르지 않고 세연정 주변에 약간의 물이 있을 뿐이지만 이렇게 아름다운 곳이기에 국문학사에 길이 남을 시편들이 나오지 않았겠는가 싶다.

아! 날이 저물어간다/ 쉬는 것이 마땅하다/ 배 붙여라 배 붙여라/ 가는 눈 뿌린 길 붉은 꽃이 흩어지는데/ 흥청거리며 걸어가서/ 찌거덩 찌거덩 어야차/ 눈과 달이 서산에 넘도록 송창(松窓)을 기대어 있자.

– 고산 윤선도 「어부사시사」 중 「겨울」

고산 윤선도는 이곳에서 13년 동안 은거하며 입에서 나오면 시(詩)가 되었고, 노래가 되었으리라. 그는 「어부사시사(漁父四時詞)」를 회수담 돌길을 춤을 추며 불렀을 것 같다. "쪽배를 띄우리. 술잔을 기울이리, 세상 시름 잊고 즐겨보세……." 세연정 회수담을 돌며 중얼거려보았다.

보길도는 정말 아름다운 곳이다. 고산 윤선도가 반했듯이 나도 반해서 또다시 가고 싶고 살고 싶은 곳이다. 끝없이 넓고 푸른 바다와 대자연의 섭리가 나를 겸허히 머리 숙이게 한다. 먼 바다를 바라보며 욕심도 미움도 다 부질없다는 생각으로 주어진 것에 감사한다. 하나님이 주신 이렇게 아름다운 자연 앞에 한없이 감사한 마음으로 삶을 사랑하며 최선을 다해 살다 보면 내 마음이 하늘에 닿고 하늘이 감동하여 나에게도 고산 윤선도보다 더 좋은 제2의 인생을 준비해주지 않을까 싶다.

수필낭독 유감

문예연구문학회 추계 세미나는 제주도에서 하기로 되어 있었다. 우리 일행은 목포에서 제주도로 출발한 '뉴씨월드고속훼리호' 침대칸에 몸을 실었다. 아주 오래전 그러니까 금강하구둑 다리가 놓여지기 전 충남 장항에 가려면 군산항에서 작은 배를 20여 분 타야 했다. 내가 이렇게 거대한 배를 탄 것이 처음이어서 조금은 어리둥절하고 바다를 마음껏 바라볼 수 있다는 흥분 때문에 침대에 누워 잠이나 자며 제주도에 도착할 때까지 있을 수는 없었다.

훼리호는 목포를 출발해 크고 작은 섬들을 수없이 지나고 넓은 바다를 가르며 제주도를 향해 속도를 내고 있으나 거의 흔들림이 없었다. 나는 갑판에 서서 깊은 곳에서 부서지는 포말을 느끼거나 바람과 구름과 벗이 되어 대화하며 시간을 즐겼다. 자판기에서 커피 한 잔 뽑아들고 바람을 맞으며 갑판에 놓인 벤치에 앉아 있노라니 크루즈 여행이 부럽지 않았다. 훼리호는 4시간 30분 만에 제주도에 도착했다.

항구에 내리자 제주도에서 살고 있는 이 시인 자매가 관광버스를 대기해 놓고 일행을 기다리고 있었다. 우리들은 대형 버스로 갈아 타고 갈치정식으로 늦은 점심 식사를 마치고 버스에 올랐다.

버스는 한라산 입구에 우리 일행을 내려놓았다. 산에 오르니 바다 냄새와는 다른 깊은 숲 향기가 났다. 피톤치드가 마음을 편안하게 해주는 곧게 뻗은 키 큰 삼나무가 무성한 습지대가 참으로 굉장했다. 삼나무는 이곳에서는 방풍림으로 진가를 발휘하고 있었다. 아시아 열대 우림 지역에서 5~6년이면 자라지만 제주도에서는 20년 정도 지나야 같은 크기로 자란다고 한다.

숲 속에 좀 더 있고 싶은 마음을 뒤로하고 우리는 다음 코스로 이동하기 위해 버스를 탔다. 목포에서 제주도까지 오는 동안 갑판 위에서의 여유와 한가함은 잊어버려야 했다. 우리를 태운 버스 기사는 우리에게 명소를 한 곳이라도 더 많이 보여주고 싶어 했다. 그렇게 하려면 서로 시간을 철저히 지키자고 당부했다. 해변도로 1,172번지는 해변을 끼고 마음껏 달리고 달려도 끝없이 펼쳐진 맑고 파란 바다를 마음껏 바라볼 수 있어 더욱 좋았다.

해변에 자리한 아늑한 레스토랑에서 저녁을 먹은 후 차를 마시며 단란한 문예행사를 시작했다. 간단한 의식과 시인들의 시 낭송이 이어졌다. 채 교수님의 '문학이 있는 곳이란' 주제로 15분 특강을 마치자 사회자가 내 이름을 부르며 수필을 낭독하라고 했다. 나는 준비해 간 수필 한 편을 들고 앞으로 나갔다. 그런데 웬일인지 글씨가 보이지 않았다. 흰 것은 종이요 검은 것은 엉클어진 암호처럼 서로 범벅이 되어 보였다.

종업원이 밝은 불빛을 눈부시게 쏘아주는 곳으로 나를 데리고 갔으나 여전히 흐려 제대로 읽을 수가 없었다. 나는 초등학교 입학한 아이처럼 더듬거리며 받침도 모두 빠지거나 틀려가며 결국은 한두 단락은 빼놓고 겨우 마무리를 하였지만 얼마나 부끄럽던지 얼굴이 화끈거리고 가시 방석이 따로 없었다.

문득 수필도 나의 작품이라면 외워서 보지 않고도 입에서 시(詩)처럼 줄줄 나와야 한다고 말씀한 김 교수님의 얼굴이 떠올라 더욱 몸 둘 바를 몰랐다. 테이블 위에서 이미 식어버린 커피를 아무런 느낌도 없이 홀짝 다 마신 후에야 설탕도 넣지 않은 진한 커피였음을 알았다.

지금까지 나는 20년 가까이 도수 없는 보안경을 쓰고 다녔는데, 갑자기 시력이 떨어진 것일까? 벌써 시력이 이렇게 떨어져 많은 사람들 앞에서 실수를 한 것이 저녁 내내 마음에 걸렸다. 속상한 마음을 감추고 슬픔도 삼키며 숙소에 도착했다. 나는 샤워실에서 안경을 벗으니 밝은 형광 불빛에 눈이 부셨다. 깜짝 놀라 벗은 안경을 불빛에 비춰보았다. 안경알이 마치 밀가루 속에 들어갔다 나온 것처럼 뿌옇게 변해 있었다.

오늘 내가 실수한 것은 떨어진 시력도 아니고 불빛도 아닌 순전히 안경 때문이었던 것이다. 제주도에 오는 시간 내내 목포에서부터 훼리호 갑판 위에서 바다를 바라보며 보냈다. 빠른 속도로 지나가는 배에 시샘이라도 하듯이 가끔씩 높은 파도가 부딪혀 포말이 생길 때마다 나는 함성을 지르며 즐겼다. 가랑비에 옷 적시듯이 그렇게 조금씩 안경에 달라붙은 소금물을 닦을 생각조차 못한 것이다. 나는 샤워를 하기 전에 우선 안경을 비눗물로 깨끗이 닦고 맑은 물로 씻어냈다. 안경을 써보니 밝은 불빛에 보이는 것들이 맑고 밝게 빛난다. 거울 속 내가 바보 같은 나를 비웃는 듯했다.

나는 개운한 몸과 마음으로 숙소에서 나와 밤바다를 바라보며 걸었다. 안경 때문에 저녁 행사를 망친 생각을 하니 또다시 얼굴이 붉어지며 내일 아침이면 만날 얼굴들이 스쳐 지나갔다. 그래도 한편으로 감사했다. 내 눈이 노안으로 도수 있는 안경을 써야 한다면 그 또한 얼마나 비참한 일이겠는가?

못난이 돌

지난겨울 나는 빙판길에서 넘어졌다. 목과 허리를 다쳐 준종합병원에 입원하여 치료받고 퇴원했지만 통증은 여전했다. 할 수 없이 한방병원에 재입원을 했다. 피검사 결과 간수치가 정상인의 20배나 된다며 대학병원에 가서 원인을 찾아 속히 치료를 받아야 한다고 했다.

다시 찾아간 준종합병원의 신경외과 의사는 내과 의사에게 차트를 넘기며 너무 걱정 말라고 나를 안심시켰지만 이미 내 마음은 걱정으로 가득 찼다. 20여 일 치료 후 퇴원을 하면서 목에 붙어 있는 혹이 예쁘지 않으니 대학병원에 가서 재검사를 해보라는 소견서를 받아들었다.

무거운 마음으로 퇴원 수속을 마치고 병원에서 나오니 2월 마지막 금요일 회색빛 흐린 하늘이 내 마음을 위로해주는 것 같았다. 병원 주차장에 세워둔 자동차가 먼지를 뒤집어쓴 채 "어서 오십시오. 주인님." 하며 반갑게 절을 했다. 운전석에 앉았으나 집으로 가기는 정말 싫었다. 자동차에 넣어둔 지도를 펼치고 전주에서 가급적 먼 곳을 찾아보았다. '거금도!' 그래 거금도에 가보자. 하지만 혼자서는 용기가 나지 않았다. 평소 바다를, 아니 집을 떠나고 싶어 하는 친구에게 전화를 했다. 갑자기 어떻게 가느냐며 일축(一蹴)했다.

모처럼 집에서 쉬고 있는 남편에게 전화를 했다. 멀리 떠나고 싶다고. 남편이 기꺼이 동행해 주겠다고 했다. 마트에 들러 먹거리를 주섬주섬 챙겨 담았다. 그리고 누구에게 쫓기는 사람처럼 전주를 서둘러 빠져나왔다.

소록도와 거금도 연육교를 서행하며 바라보는 붉게 물든 석양과 다도해의 아름다움을 어찌 말로 표현할 수 있으랴. 거금도에 도착하여 오른쪽 해안 길로 천천히 섬마을을 돌았다. 싱싱한 횟감을 사야지 했으나 오산(誤算)이었다. 가도 가도 도로 양쪽으로 미역을 걸어 놓은 것과 다문다문 숙박 간판이 보일 뿐이었다. 눈앞에 바다가 보이는 펜션을 찾아 숙소는 해결되었지만 당장 저녁 끼니가 걱정이었다. 횟감을 사려면 다시 두 개의 연육교를 지나 녹동항 어시장에 가야 한다기에 할 수 없이 마트에 가서 삼겹살로 저녁을 해결했다. 먼 길 운전하고 늦은 저녁을 먹은 탓인지 남편은 깊이 잠들었지만 나는 잠을 잘 수가 없었다.

출렁이는 파도 소리가 반겨 주는 것도 같고, 뭐하러 여기까지 왔느냐고 호통치는 것도 같았다. 바닷가에서 쉼 없이 웃고 떠드는 녀석들에게 주의를 주려고 베란다 창문을 열었다. 녀석들은 까만 어둠 속에서 온몸으로 떠들고 밤하늘은 온통 별들의 세상이다. 캄캄한 바다 위에 초록별들이 내려와 노래하며 춤을 추었다. 파도 소리에 맞추어 더욱 현란하고 또는 청아한 모습으로 바다 위에 가득 수를 놓으며 그들만의 축제가 얼마나 아름다운지, 나는 그 아름다움에 반해 숨이 멎는 것 같았다.

이대로 시간이 멈추었으면 좋겠다 싶은데 차가운 공기가 방안 가득 들어왔다. 나는 점점 몸이 떨리기 시작했고 이불을 덮고 잠자던 남편도 몸을 웅크렸다. 아직 끝나지 않았다고 유혹하는 한밤의 축제도 더 이상 볼 수 없어 문을 닫았으나 마음은 온통 바다 위의 축제에 빠져버렸다. 떨리는 몸을 외투로 감싸고 쪼그리고 앉아 유리문에 귀를 기울여 보았다. 별들과 파도는 자꾸만 손사래를 쳤다. “아니야, 난 이것으로 충분해.” 남편 옆에 모로 누워 밤새 바다 위에 떠 있는 초록별들과 속삭이는 파도 소리를 들었다.

아침을 먹기 전에 적대봉을 바라보며 올라갔다. 가파른 산길이라 숨이 턱까지 차 올랐다. 잠시 쉬고 싶어 바위에 걸터앉았다. 남편이 옆에 앉으며 발로 밀어놓는 돌멩이를 바라보았다. 남편이 무심코 밀쳐도 이상하지 않을 만큼 보잘것없는 울퉁불퉁 못생긴 돌멩이였다.

나는 돌멩이가 뒤집어쓴 흙먼지를 손가락으로 닦아보았다. 닦아도 지워지지 않을 세월의 무늬가 온몸에 새겨져 있었다. 차마 곱다고는 말할 수 없는 평범한 무늬의 울퉁불퉁한 돌멩이와 내 삶을 비교하며 남편과 이야기를 시작했다. 아이들과 가족 이야기 내 목에서 자라고 있는 못난이 혹 이야기를 주고받았다.

하산하는데 조금 전 화두가 되었던 돌멩이가 눈에 들어왔다. 나는 마치 갖고 놀던 장남감인 양 돌멩이를 들고 내려왔다. 남편은 못생긴 무거운 돌멩이를 뭣하러 들고 오냐고 투덜거렸지만 나는 왠지 그 돌에 자꾸 마음이 쓰였다. 지난밤의 찬란했던 별빛과 파도 소리와 오랜만에 나누게 된 우리 내외의 이야기들을 그 돌멩이와 더불어 간직하고 싶기도 했다.

못난이 돌멩이도 거금도 바닷가에서 파도가 만져주고 바람이 달래주고 밤이면 넓은 밤하늘에서 별들이 노래하고 춤을 추며 놀아줄 테니 머지않아 매끄럽고 고운 몽돌로 변할 수 있을지 모른다. 거금도에는 몽돌해변이 여기저기 있었다. 그중 가장 아름다운 해변에 내 모처럼의 하룻밤 기억들과 까다로운 병을 못난이 돌멩이와 함께 놓고 오고 싶었다.

밤기차 여행

5월 5일 교우들과 전주역에서 새벽 2시 5분에 출발하는 여수행 기차를 타기로 했다. 초등학교 때 소풍 전날 밤 잠을 설쳤던 것처럼 초저녁부터 잠을 좀 자려 했지만 가슴이 두근거려 잠을 이룰 수가 없었다.

나는 예정된 시간보다 30분이나 먼저 전주역에 도착했다. 역 안에 적어도 하나 정도는 찻집이 있겠지 싶었지만 어느 곳에도 보이지 않았다. 기차를 탈 시각이 다가오니 교우들이 하나둘 모이기 시작했다. 모두 여덟 명. 이미 숫자 파악이 다 되었는데 이 집사가 갑자기 한 명이 모자란다기에 우리들은 깜짝 놀라 큰소리로 인원을 다시 세었다. 여기저기서 맞다 맞아 확인했다.

이 집사는 민망하게 웃으며 자기를 빼놓고 우리들만 셈을 했다고 했다. 모두 큰소리로 한바탕 웃고 기차를 타기 위해 플랫폼으로 나가 있는다는 것이 여수행이 아닌 서울행 기차를 타는 곳에 서 있었던 것이다.

역무원의 안내로 홈을 바꾸어 다행히 여수행 기차를 타고 예약된 좌석에 앉았다.

누구 입에선가 기차여행은 삶은 계란이 최고라는 말이 나오기가 무섭게 여기저기서 삶은 계란 구운 계란이 나왔다. 계란을 맛있게 먹으며 어린 시절 소풍 이야기에 푹 빠져 킥킥거리는데 역무원이 나타나 조용히 해달라 했다. 우리들은 작은 소리로 이야기하며 나오는 웃음을 참기 위해 안간힘을 썼으나 더욱 웃음이 나오고 결국은 눈물이 나오고 말았다. 그렇게 웃고 떠드는 사이 새벽 4시 10분 종착역인 여수에 도착했다.

우리들은 각자 소지품을 챙겨 여수엑스포 대합실에 앉아 토의를 한 뒤 오동도에 걸어서 가기로 결정하고 대합실을 나왔다. 하지만 우리들은 오동도 가는 길을 반대 방향으로 잡아 헤매다가 작은 통로(개구멍)를 통해 엑스포 전시관 건물 앞에서 서성였다.

아무리 찾아도 밖으로 나갈 길은 굳게 잠긴 철문뿐이었다. 철문 밖에서 새벽 운동하는 사람들에게 길을 물어 우리는 간신히 엑스포 정문을 통해 오동도 가는 길을 찾았다. 건물도 길도 많이 변했지만 오동도 가는 길목이 다가올수록 오래전 낯익은 냄새가 나는 것 같았다.

36년 전 나는 오늘과 같은 시간 밤기차를 타고 내려 와서 물안개가 가득한 오동도에 갔다. 지금도 잊지 못하고 가슴 깊이 묻어놓은 아름다운 추억이 깃든 이 길을 걸으니 그날의 기억이 하나하나 떠올랐다. 벌써 오랜 세월이 흘렀지만 근래의 일처럼 떠올라 그 시절을 회상하며 나는 한참을 혼자 걸었다.

남해의 바다 향기를 맡으며 걷다 보니 어둠이 서서히 걷히고 초록빛 오동도가 눈에 들어왔다. 우리들은 어린아이처럼 웃고 떠들며 오동도

우측으로 돌기 시작했다. 오동도를 마음껏 누비며 돌아다녔다. 오동도를 내려올 무렵 울창한 동백나무에 동백꽃의 꽃말 기다림이란 뜻처럼 우리를 기다리느라 오랜 시간 그대로 남아 있는 한 송이 꽃을 바라보며 동백꽃의 다른 꽃말인 고결한 사랑도 떠올렸다.

동백꽃잎을 만지며 꽃말을 헤아리며 몇 발자국 걸어 내려오려니 눈앞에서 동백꽃송이가 뚝 떨어졌다. 가슴이 쿵하며 무너지는 것 같았다. 하지만 꽃잎 하나 흩어지지 않고 동백꽃송이는 땅 위에서 그대로 곱게 웃고 있었다.

꽃은 필 때 아름답지만 질 때도 아름다워야 한다는 고(故) 법정 스님의 말씀을 되새기며 동백꽃의 다른 꽃말인 겸손한 아름다움을 되새겨보았다. 오동도를 한 바퀴 돌아나오며 지난날의 추억과 오늘이 동백꽃의 겸손한 아름다운 꽃말처럼 내가 다음에 또다시 이곳에 올 때까지 나를 기다리라고 말하며 밖으로 나왔다.

한나절을 돌아다닌 기분인데 시간은 아홉 시가 조금 넘었다. 교우들과 추억할 수 있게 무엇을 할까 생각하다 오늘은 어린이날이니 생각나는 대로 행동하자고 여덟 명은 마음을 합했다. 오동도를 걸어 나오는데 유람선을 타보라고 호객하는 아저씨를 만났다. '아이들은 어떻게 할까? 물론 엄마아빠를 졸라 태워달라고 하겠지?' 우리들도 무조건 유람선을 타자 했다.

한 시간 동안 배를 타고 돌아다니는데 해상 케이블카가 오고갔다. 일행은 호기심이 발동한 어린애가 되어 유람선에서 내리자 마자 자산공원으로 올라갔다. 해상케이블카를 타고 돌산공원에 내려 택시를 나누어 타고 돌산대교를 달려보았다.

여수의 검은 모래로 유명한 만성리 해수욕장에 가려면 반드시 지나가야 할 곳이 있다. 캄캄한 동굴 속을 한참을 지나는 것이다. 택시 기사님에게 이게 무슨 동굴이냐고 물었더니 기사님은 한숨을 내쉬며 일제강점기에 파놓은 동굴이고 100% 수작업으로 만들어진, 당시 북쪽으로 통행하는 최단거리였다는 것이다.

일본인들이 우리 민족에게 강제로 인력을 동원시켜 이 터널을 만들었다는 소리에 나는 온몸에서 소름이 돋았다. 더욱 놀란 것은 이렇게 긴 굴을 곡괭이 하나로 팠다니 바위를 깨다가 죽은 사람이 셀 수도 없다는 말에 잔혹한 일본의 만행을 눈앞에서 보는 듯했다.

만성리 해수욕장에 돗자리를 펴고 교우들과 커피를 마시며 담소를 나누었지만 순간순간 바닷가에 오기 전 지나왔던 동굴 같은 통로가 가슴 한구석에 자리하여 마음이 멍했다. 만성리 해수욕장의 검은 모래는 바위가 수억 년 동안 파도에 깎이어 모래처럼 작아진 것이 아니고, 어쩌면 이곳 동굴을 뚫은 일본인들이 우리 백성을 괴롭히기 위해 바위를 깨어 이렇게 검은 모래로 만들었던 것은 아닌가 싶다. 나는 이런저런 생각하며 손안에 들어온 검은 모래를 한동안 바라보았다. 검은 모래에서 들려오는 파도 소리는 오후의 더위를 시원하게 씻어주었지만 내 마음엔 자꾸만 이해할 수 없는 분노와 아픔이 밀려왔다.

내려올 때 탔던 기차의 같은 객실과 같은 좌석에 앉아 집으로 돌아오는 길에 참 감사하다는 생각을 했다. 내가 다시 돌아갈 집이 있다는 것과 가족이 나를 기다리고 있다는 것이 감사했다. 큰아들에게서 전화가 왔다. 어디쯤 오느냐는 말에 기차에서 내려 집으로 가는 시내버스를 탔고 하니 아들은 못내 아쉽다는 목소리로 나를 마중하려고 준비하고 있었다고 했다. 큰아들의 든든한 목소리가 집으로 오는 내내 마음을 따뜻하게 했다.

그 길을 걸으며

오늘은 친정아버지 세삿날이다. 나는 친정집 그 길을 다시 걸을 수 있을 것 같아 벅찬 마음으로 남동생이 살고 있는 고창을 향해 집을 나섰다.

그동안 친정아버지 제삿날이면 폭설로 인해 도로가 묶인다거나 아이들 학교 등등 이런저런 일로 인해서 몇 해 동안 참석하지 못했다. 올해는 눈사태도 없고 이곳저곳에 흩어져 사는 언니들까지 모두 참석한다고 하니 먼저 가서 음식이라도 준비해야 하지만 마음뿐, 전주에서 오후 늦은 시간에야 겨우 출발했다.

전주에서 출발할 때는 말짱한 날씨였는데 정읍이 가까울수록 눈발이 점점 심해졌다. 텅 빈 논과 밭은 새하얀 눈으로 덮여 있었고 쉼 없이 내리는 눈 때문에 점점 앞을 가늠하기 어려웠다. 그렇게 오후부터 내리기 시작한 눈은 밤새도록 그칠 줄 모르더니 아침에는 쌓인 눈이 종아리까지 차올랐는데도 눈은 그칠 줄을 몰랐다. 친정집 앞으로 다니던 마을버스도 발이 묶여 버렸다.

나는 무릎까지 차오른 눈을 밟으며 거닐고 싶었다. 장갑에 머플러까지 단단히 준비하여 우산을 쓰고 밖으로 나왔다. 친정집 옆으로 새로운 길이 만들어져 있었다. 그 길을 따라 내리는 눈과 동행하여 걷다 보니 낯익은 길로 이어졌다. 그 길은 어릴 적 동네 앞 밭에서 고구마를 캐어 돌아오다가 신작로에서 뱀을 만났던 바로 그 길이다.

마을 앞 밭에서 고구마를 캐어 머리에 이고 집으로 가던 중이었다. 고구마를 맛있게 먹을 생각으로 콧노래를 부르다가 뭔가 이상한 소리가 나는 것 같아서 뒤를 돌아보니 뱀이 바로 내 발 뒤에서 머리를 치켜들고 열심히 쫓아오고 있었다. 나는 너무나 무섭고 놀라 엄마를 부르며 얼마나 뛰고 뛰어 집에 도착했는지 모른다. 바구니를 내려 보니 바구니 속에는 겨우 고구마 두어 개와 돼지와 토끼에게 주려고 수북이 얹어 온 고구마 줄기가 한 가닥 남아 있었다.

어릴 적 뱀을 만났던 신작로에 발을 멈추고 그때처럼 또다시 뱀이 나타나지 않을까 하여 뒤를 한 번 돌아본 후 한겨울에 무슨 뱀이야 안도의 한숨을 쉬었다. 신작로를 지나 고가도로 아래에 곧게 뻗은 서해안고속도로가 한눈에 들어오는 길을 한참을 바라보았다. 고속도로는 염화칼슘으로 제설작업을 했을 터이지만 자동차들은 거북이 걸음이다. 저만치 고속도로 양쪽으로 남동생의 논과 밭이 두 동강이 나 하얀 눈을 덮어쓰고 누워 있다.

아버지가 살아계실 때는 저곳에서 자식들을 위해 온종일 일을 했을 것이다. 아버지가 지병으로 돌아가시고 난 후부터 남의 손을 빌려가며 일하였던 어머니의 일터였다. 그렇게 5남매를 먹이고 입히며 가르쳤던 우리 집 최고의 생산지다. 나는 논에 벼가 누렇게 익어갈 무렵이면 학교에서 돌아와 새 쫓는 일을 도맡아 했다. 지금은 가운데 토막은 고속도로가 되고 저렇게 쓸모없는 땅이 되어 고속도로 양쪽으로 나뉘어 있다.

서해안 시대가 열린다며 기대에 부풀어 대대손손 물려받은 옥토를 도로공사에 아낌없이 내어주며 발전하기를 꿈꾸었는데, 갈 곳 없는 청년들은 점점 늘어나고 있다. 뉴스에서만 접했던 현실을 나는 이곳 동생네 집에 와서 보았다. 한겨울이라 일손이 끊긴 오갈 데 없는 청년들은 동생이 내어준 별채에서 기거(寄居)하며 동생네 집 잔일을 도우며 겨울이 지나기를 기다리고 있었다.

동생은 폭설이라는 기상예보를 듣고, 애써 씌워놓은 비닐하우스지만 비닐을 살라서라도 눈 피해를 줄여야 한다며 별채의 청년들과 서둘러 눈을 치우러 나갔다. 내리는 눈 속으로 사라지는 동생의 뒷모습을 바라보며 '그래 그렇게 살아남는 방법을 찾으면 되는 거야.' 혼잣말을 하며 일행의 모습이 보이지 않을 때까지 바라보았다.

나는 걷던 길을 좀 더 걸었다. 눈 덮인 밭과 소나무 숲도 추억과 함께 예전 모습 그대로였다. 조그만 밭두렁 옆에 정순이네 밭이 있고 그 옆 양선이네 밭에 들어가 심어놓은 감자 서리하여 구워 먹던 일이 떠올랐다. 친구들과 감자를 구워 먹느라 우리들이 밝힌 불빛을 마을 사람들은 도깨비불이라며 한여름에도 방문을 걸어 잠그고 이불을 뒤집어쓰기도 했다고 한다. 그때 같이 놀던 그 동무들은 지금은 어디서 무얼 하고 있을까. 친구들의 모습을 한 명, 한 명 그리며 애써 기억해본다.

참으로 오랜만에 느껴보았던 고향의 포근함과 옛 추억이 그리워 다시 찾았던 고향의 그 길도, 눈을 맞으며 서 있는 현재라는 시간도, 붙잡을 수는 없지만 이제는 내 앞에 내일이라는 시간 속에 꿈과 소망을 담아 좀 더 아름다운 나만의 길을 걸어가야겠다.

첫눈 내린 날

늦은 시간 간신히 잠이 들었지만 아침에 가볍게 일어났다. 오늘은 동료들과 나들이 약속이 있기에 수영복을 준비하여 약속한 장소에 모여 진안 홍삼스파로 이동했다. 소양을 벗어날 즈음에 첫눈이 내리기 시작했다.

수채화 같은 눈 풍경이 마음을 온통 사로잡았다. 11월 중순인데 첫눈이라니……. 흰 눈은 나뭇가지 위에 아름다운 그림을 그리기 시작했다. 대지도 온통 하얗게 덧칠을 했다. 예년보다 일찍 내린 첫눈과 어우러진 아름다운 산을 보려고 우리들은 진안 가는 옛길을 선택하였다. 조금씩 내리던 눈은 산 중턱에 다다르자 앞이 보이지 않도록 퍼부었다.

단풍으로 곱게 물들어 아직 떨어지지 않은 나뭇잎 위에 내려앉은 흰 눈이 얼어붙고 그 위로 또다시 눈 꽃송이가 내려앉았다. 나목이 되어 떨고 있는 가지에 붉은 옷으로 갈아입은 메타쉐쿼이아 도로의 풍경 앞에서 우리들은 자동차를 세우고 첫눈과 어우러진 풍광을 동영상과 스냅사진으로 욕심껏 담았다.

홍삼스파에서 수영복을 입고 안내 요원들이 인도하는 대로 따라다니며 스파를 즐겼다. 5단계 프로그램을 마치고 옥상에 자리한 노천탕으로 향했다. 옥상 문을 여니 살갗을 에는 찬바람이 와락 안겼다.

나를 따라오던 친구들은 찬바람에 화들짝 놀라서 오던 길을 되돌아갔다. 나는 지난봄 이곳에서 비를 맞으며 즐겼던 일을 생각하며, 지금은 눈이 내렸으면 하는 마음으로 노천탕으로 향하는 길쭉한 길을 걸었다. 노천탕에서 무럭무럭 올라오는 수증기는 마치 깊은 산속 새벽에 떠오르는 물안개 같았다. 그곳으로 다가가 물속에 몸을 담근 채 피부로 느껴지는 따스함을 눈을 감고 한동안 즐겼다.

하늘에는 검은 구름이 북쪽으로 밀려가고 태양은 구름에 가려 보일 듯 말 듯했다. 저 만치에 마이산이 우뚝 서 있다. 내 나이 스무 살 적에는 몇몇 친구들과 비를 흠뻑 맞으며 저기 보이는 암마이산에 올랐던 기억이 새롭다. 암마이산 옆에 보이는 숫마이산은 지금까지 아무도 오른 기록이 없다는 뾰족한 바위산이다. 노천탕에 누워 마이산을 자세히 바라보니 숫마이산은 마치 연꽃 봉오리 같다. 왜 하필 연꽃 봉오리로 보이는 것일까? 연꽃을 생각하다 보니 심청이가 떠오른다. 곱디고운 아가씨의 수줍은 미소와 연꽃 속에 다소곳이 앉아 있는 모습을 그리며 나는 노천탕에 누워 심청이라도 된 듯 착각 속에 빠져 보았다.

다시 눈을 감고 불어오는 바람을 맞으니 연꽃 봉오리 같은 돌 속에서 금방이라도 선녀가 봉오리를 열고 하늘로 날아오를 것만 같은 환상에 사로잡히기도 했다. 마이산이라는 이름은 원래 2개의 봉우리가 말의 귀를 닮았다 하여 마이산(馬耳山)이라 불렀다. 숫마이봉 680m는 봄엔 돛대봉, 여름에는 용각봉, 가을에는 마이봉, 겨울에는 문필봉으로 불리는 1억 년 넘도록 빚은 천연콘크리트 축조물이라고 할 수 있다.

하지만 오늘 노천탕에서 내가 본 숫마이산은 분명 연꽃 봉오리다. 거대한 바위가 고고한 연꽃 봉오리 같은 형상으로 서 있는 모습이 너무나 신기하지만 누구에게도 이 사실을 확인할 길이 없어 안타깝다. 거기에 비해서 암마이봉 686m는 살짝 토라진 뺑덕어미 궁둥이같이 생겼다. 그 모습이 하도 우스워 혼자 쿡쿡 웃어보았다.

마이산의 허리를 감아 오르는 흰 구름은 꽃봉오리에서 선녀가 꽃잎 하나를 살며시 열고 하늘로 날아오를 준비를 하는 것 같다. 노천탕의 수증기도 허리를 걸쳐 감아 오르는 흰 구름을 따라하는 듯하다. 나는 선녀처럼 하늘로 날아오르지 못하고 물속으로 점점 더 깊이 잠겨 가는 것만 같다. 내 몸이 너무 무거운가 싶어 몸을 살며시 들어올려 보았다. 몸이 점점 가볍게 뜬다. 가벼워진 몸으로 첫눈 쌓인 산길을 되짚어 갈 일이 즐겁다.

서예 전시장에서

진동으로 바꾸어 놓은 휴대 전화기의 울림이 내 몸으로 전해왔다. H 작가님이었다. 작가님은 남원에서 열리는 서예 전시회에 꼭 가보아야 할 것 같다며 동행할 수 있는지 물었다. 나도 특별히 할 일도 없고 잠시 답답한 이곳을 떠나는 것도 좋을 것 같아서 함께 출발했다.

남원 시내는 마침 춘향제 행사로 인해 복잡했다. 광한루 경내 아름답게 꾸며 새로 자리한 전시관에는 '한마음 서예전'이란 현수막이 걸려 있었다. 우리가 안으로 들어서니 식이 진행되고 있었다. 서 있는 사람들 사이로 휠체어에 앉아 있는 몇몇 사람들의 모습이 눈에 들어왔다. 반대편도 예외는 아니었다. 나는 의아하여 입구 현수막을 다시 한 번 살펴보았다. 아무리 두리번거려도 장애인 서예전이란 글씨는 보이지 않았다.

H작가님의 소개로 사람들과 인사를 나누고 정성이 가득 담긴 회원들 글씨를 둘러보았지만 문외한인 내게는 개 바위 보는 것이나 다를 바 없

었다. 가끔씩 지인들의 초대로 서예 전시장에 갔을 땐 최우수상, 대상, 금상, 입선 등등, 꼬리표가 붙어 있어 조금은 도움이 되었는데 이곳에는 출품한 회원들 이름만 적혀 있으니 어떤 작품이 잘된 것인지 알 수가 없었다. 솔직히 말하자면, 나는 그림이나 서예를 보는 안목이 전혀 없다. 서예 개인전뿐만 아니라 미술전시관 역시 찾아가면 작가들의 놀라운 솜씨에 감탄사를 연발하면서 대단하다는 것을 어렴풋이 느끼기는 하지만 작품을 보는 눈은 없다. 그저 눈요기하는 것으로 만족하는 것이 전부다.

이번 전시회의 주인공인 P선생님이 다가오더니 회원 작품 하나하나 자세히 설명해주셨다. 설명을 듣고 글씨를 바라보니 그때서야 작가들의 글씨가 아니라 인내와 혼이 가득 들어 있음을 느낄 수가 있었다. 휠체어에 앉아 있는 오른팔이 불편한 30대 중반의 남자 회원은 작품을 마무리하기 위해서 오른손 손목에 각목을 대고 붓을 잡았다고 했다. 휠체어를 타고 다니며 생활하기도 불편할 터인데 어쩌면 이렇게 훌륭한 작품을 완성할 수 있었는지, 나는 작품과 작품을 쓴 장애인을 몇 차례 번갈아 바라보았다.

누구나 시작은 쉽게 하지만 많은 사람들이 너무도 빨리 포기하는 모습을 주변에서 자주 본다. '인내는 쓰나 그 열매는 달다.'는 말을 나는 새삼 되새겨보았다. 사군자는 혼심을 다해 그려져 아름다운 자태로 놓여 있고, 오직 문방사우(붓 · 벼루 · 먹 · 종이)로만 전서 · 예서 · 해서 · 행서 · 초서 등 다양한 서체로 쓰인 작품을 다시 한 번 돌아보았다.

손끝의 힘과 붓의 행로(놀림), 빠르기 등 작가의 기법과 노력에 의해서 작품이 탄생되는 것을 새삼 깨달았다. 소아마비로 하반신이 불편한 젊은 여성 회원 작품에 눈길이 멎었다. 해서체로 써내려간 작품의 붓놀

림이 참으로 놀라웠다. 20대 후반으로 보이는 여인의 작품은 마치 물고기가 흐르는 물 따라 자유롭게 노니는 듯 붓의 시작과 마무리 그리고 기교가 내 눈을 붙잡았다. 대부분 시와 시조가 주제인 긴 문장인데 얼마나 오랜 연습을 하였으면 이렇게 흐트러짐 없는 작품이 탄생했는지 절로 고개가 숙여졌다.

나는 전시회 내용을 들으며 내심 궁금했던 점을 P선생님에게 조심스레 여쭈어 보았다. 오늘 전시회는 기성작가와 회원 작품인데 의료계에 종사하는 단체 회원과 일반 회원, 장애인 회원이 함께 출품한 작품이라고 했다. 어느 전시회보다 사랑과 협동심이 가득 담긴 자리인 것 같아 참 잘 왔다는 생각이 들었다.

돌아오는 길, H작가님의 오랜 친구이자 오늘의 주인공이라고 소개를 받았던 서예가의 얼굴을 떠올려보았다. 넉넉한 미소와 편안한 표정의 그분이 전직 구두닦이였다는 사실에 다시금 놀라웠다. 구두닦이로 고생하여 가르친 아들이 서울의대를 졸업하고 지금은 촉망받는 서울의 S병원 외과 의사가 되었다는 이야기도 전해주었다.

'구두닦이 아저씨와 고등학교 국어 교사였던 H작가님', '구두닦이 아버지와 의사 아들' 직업에는 귀천이 없다지만 내가 놀란 것은 H작가님의 넓은 마음이었다. 지금도 친구를 만나면서 때로는 저울질을 하고 있는 나를 발견하곤 하는데, 오늘 전시회에 앞서 H작가님의 특별한 분들과의 만남을 보면서 나도 내 주변의 만남을 보다 더 소중히 간직하고 싶어졌다. 오랜만에 옥상에 올라 밤하늘을 쳐다보니 별 하나가 유난히 반짝인다.

추억

요즘은 지방자치제도 운영이 눈에 띄게 돋보인다. 각 고을마다 선의의 경쟁을 하는 것을 볼 수가 있다. 계절마다 그 지역 특색이나 특산품 알리기가 더욱 활발하다. 올가을에도 김제 지평선 축제를 시작으로 익산의 국화 축제와 장수의 논개 축제, 선운사에서는 전어 축제 그리고 아주 오래전부터 연중행사인 고창 모양성 축제까지 우리 지역에서도 여러 곳에서 많은 행사가 이어졌다.

영희와 가을 나들이를 했다. 후배가 문단에 가입하고 시화전에 처음으로 출품한 작품을 보기 위해 순창 장류 축제장에 갔다. 동행한 문우 영희가 복잡한 거리를 걷다가 어디가 불편한지 잠시 서 있었다. 영희가 몸이 성치 않은 탓에 은근히 걱정이 되어 달려가서 어디 아프냐고 물었다. 영희는 바로 앞 좌판을 한동안 바라보더니 우리 이거 한번 하고 가자고 했다. 영희의 시선을 따라간 곳은 길거리에 펼쳐놓은 떼기 좌판이었다. 난 이런 것 한 번도 해보지 않았는데…….

영희는 불편한 몸인데도 행동은 빨랐다. 어느새 지갑을 꺼내 계산을 했다. 불 위에 작은 용기를 올려놓고 젓가락으로 열심히 젓고 있는 여인을 향해 두 개를 주문했다. 떼기는 1개에 1,000원 모두 2,000원을 주고 자리를 잡고 앉았다.

떼기는 설탕을 불 위에서 녹인 다음 다양한 모양을 눌러 찍는다. 나는 가느다란 이쑤시개와 별 모양을 먼저 영희에게 주었다. 영희는 몸이 불편하니 덥석 앉지도 못한 채 떼기를 해보겠노라고 열심히 핀으로 눌렀다. 도와주고 싶은 마음을 꾹 눌러 참았다. 장애인들이 제일 싫어하는 것은 어설픈 도움이나 동정이라는 영희의 말이 문득 생각나서였다. 영희는 이내 떼기에 실패한 작품 한 조각을 입에 넣고 허리를 펴며 웃었다. 그 모습이 참 천진해 보였다.

망가진 작품 한 조각을 입에 넣고 나는 아무 맛을 느끼지 못한 채 앞에 놓인 하트 모양의 떼기 작품에 열중했다. 하지만 나 역시 실패하고 말았다. 조각난 떼기의 달고 쌉쌀한 맛을 느끼며 우리들은 자리에서 일어났다. 그런데 신기한 것은 우리가 일어난 자리에 여전히 사람들이 모여드는데 아이들은 한 명도 없다는 사실이었다. 대부분 우리 또래든지 아님 나이가 더 들어 보이는 사람들이었다.

도시에서 살았던 영희는 초등학교 1학년 때쯤 학교 앞에서 1원을 주고 떼기를 하다 마중 나온 어머니에게 들켜 야단을 맞았다고 했다. 영희는 만들던 작품을 그 자리에 놓고 떼기 한입 먹어보지도 못한 아쉬움을 말했다. 나는 시골에 살아서 초등학교도 십 리 길을 걸어다녔다. 집에 돌아오는 길에 다리 아프면 길가에 주저앉아 땅따먹기나 작은 돌을 모아 공기놀이 하는 것이 전부였는데 나와는 비교도 안 되는 생활수준이었던 영희가 부럽기도 했다.

나는 초등학교를 졸업할 때까지 용돈이라는 것은 아예 없었다. 오직 1년에 2회 봄, 가을 소풍가는 날 용돈 맛을 보는 것이 전부였다. 어머니는 맛있는 도시락에 삶은 계란 두 개를 넣어주고 담임선생님 몫으로 삶은 계란 몇 개를 따로 싸주며 잊어버리지 말고 꼭 선생님 드려라 당부하며 내 손에 5~10원을 쥐어주었다.

큰아들이 초등학교에 입학하여 학교에 다니던 어느 날 돈을 달라기에 아이 손에 100원을 주었다. 아이가 돌아올 시간이 지났으나 오지 않기에 학교 앞으로 가보니 아이가 보이지 않았다. 걱정스런 마음으로 아이가 있을 만한 곳을 찾아다녔다. 학교 담을 돌아 옹기종기 모여 있는 아이들 속에 큰아들이 있었다. 나는 긴장을 풀고 그곳으로 다가갔다.

자판기에 설탕을 녹여 떼기를 만드느라 분주한 아주머니와 고사리 손으로 별 모양 하트 모양 다양한 무늬를 만드느라 머리를 숙인 아이들을 한참 동안 바라보다가 아주머니에게 떼기 하나에 얼마인가를 물어보았다. 오십 원이라고 말하는 아주머니와 멀어지면서 아이를 찾느라 길가에 세워둔 자동차에 시동이 켜 있었다는 것을 알고서 잰걸음으로 아이를 재촉했다.

차에 오른 아이는 아침에 건네준 동전 100원을 나에게 돌려주었다. 떼기를 하고 싶었으나 기회를 얻지 못하였던 것인지, 용돈이 아까워 하지 않은 것인지 묻지 않았지만 왠지 미안한 마음이 들었다. 아이가 좋아하는 점심을 사주며 그런 것은 불량식품이니 먹으면 안 된다고 내 생각만 주입시킨 것이 이제 와 생각해보니 너무 지나쳤던 것 아닌가 싶다.

가을이 깊어가면서 고을마다 술렁이던 축제가 이제는 거의 끝난 것 같다. 며칠 전 영희와 떼기를 했던 기억과 떼기를 다시 하면 아주 잘할 것 같은 생각을 하니 벌써부터 다음 축제가 기다려진다.

눈썰매장 종무식

올해는 종무식을 눈썰매장에서 하기로 했다. 그 소리를 전해듣는 순간 몸을 움츠렸다. 가뜩이나 올겨울에는 눈이 많이 내려 눈사태로 농작물 피해와 이런저런 사고 소식을 뉴스로 보았기 때문이다. 특히 올해는 잊을 수 없는 세월호 사고와 다른 재난(災難) 사고도 유난히 많아 단체로 움직이는 것이 은근히 걱정되었던 것도 사실이었다. 나는 마음속으로 차라리 따뜻한 찜질방에 모여 서로에게 감사하는 마음을 전했으면 좋겠다는 생각도 했다.

집에 와서 아이들에게 강원도 홍천에 있는 눈썰매장에 간다고 하니 두 아이들이 깜짝 놀라며 가까운 데도 많은데 왜 강원도까지 가느냐고 걱정했다. 큰아들이 정색을 하며 다가와서 그 먼 곳까지 가지 않으면 안 되냐고 했다. 사실 나는 작년 겨울 빙판길에서 넘어져 머리를 심하게 다쳐 입원했다가 결국 암(癌)까지 발견하여 수술을 했다. 작년 한 해는 대부분의 시간을 입원 치료를 받거나 요양을 했다. 그 후로 항상 조심스럽게 생활하지만 회사에서 전원 참석이 의무라니 빠질 수가 없다.

겨울이 되면 아이들에게도 힘든 기억이 있다. 두 아들은 군 생활을 추운 곳에서 했다. 큰아들은 경기도 양평에서 작은아들은 강원도 고성에서 각각 군 생활을 했기에 겨울이 되면 그쪽 사정을 훤히 아는 것이다. 그래서 두 아들이 어미를 걱정하는 것은 잘 알겠지만 조심조심 잘 다녀오겠다고 했다. 아들은 조건을 걸었다. 눈썰매는 절대로 타지 말 것. 그래서 나는 눈썰매를 타지 않기로 아이들과 약속을 했다. 옆에서 지켜보던 남편이 우리들의 대화에 끼어 겨울 구경도 할 겸 조심히 잘 다녀오라고 딱 한마디 했다. 우리들은 그 한 마디로 내가 강원도에 가는 것으로 결정을 하되 눈썰매는 절대로 타지 않기로 거듭 약속했다.

동료들은 날마다 점심 시간이면 외출해 옷이며 모자 장갑 등을 사느라 분주했지만 나는 구경만 했다. 강원도 홍천까지는 4시간 30분이 걸린다기에 버스 안에서 한참이나 자고 일어났더니 차창 밖으로 보이는 세상은 온통 하얀 눈 세상이다. 홍천을 향해 달려갈수록 설국이었다. 자연에서 피어나는 순백색은 눈부시게 아름다워 눈앞이 흐려졌다. 얼마 전 영화 「겨울왕국」을 인상(印象) 깊게 보았는데, 영화에서 보았던 눈 덮인 겨울왕국이나 지금 내 눈앞에 펼쳐진 눈 세상이나 다를 바가 없었다. 내가 영화 속 겨울왕국으로 달려가는 것인지 겨울왕국이 나에게 달려오는 것인지 헷갈릴 정도였다. 그렇게 고속도로를 빠져나온 버스는 비탈길을 오르내리며 한참을 달려 예약해 놓은 리조트에 도착했다.

눈썰매장 있는 곳으로 한참을 걸어서 올라가니 정말로 겨울왕국보다 더욱 눈이 부신 눈썰매장이 있었다. 동료들은 하나둘씩 한 면에 비닐이

붙은 타이어로 만든 눈썰매기구를 타고 내려왔다. 모두다 비명을 지르며 놀라는 동료들을 눈썰매장 요원들이 안전한 곳으로 내려오도록 유도했다. 동료들이 눈썰매 타는 것을 구경하다 보니 나도 타고 싶은 충동이 일어났다. 아들과의 약속을 잠시 접고 타이어를 타고 조심스럽게 내려왔다. 눈썰매는 신이 났지만 어린 시절 언덕길에서 비료포대로 타고 오르내리던 그 즐거움만 못했고 조금은 무섭기도 했다. 두 아들과 한 약속도 있고 해서 나는 두 번은 타지 않았다.

눈썰매장 옆에는 봅슬레이 코너가 있었는데 아주 신이 나 보이기에 나도 한번 타보았다. 봅슬레이는 구불구불한 빙벽에 작은 통로를 빠져나오는 것으로 스피드가 붙어 무섭게 달렸다. 잘못하면 여기저기 다칠 우려가 있어 중심을 잘 잡지 않으면 절대 안 되는 것이었다. 나는 봅슬레이도 두 번은 타지 않았다. 동료들은 스릴을 즐겨 보자며 우리들 나이에 언제 이런 것들을 타고 놀 거냐며 같이 타자고 했지만 마음이 내키지 않아 사양했다.

동료들이 신 나게 눈썰매와 봅슬레이를 즐기는 것을 한동안 구경하다가 눈썰매장을 뒤로하고 눈길을 걸었다. 뽀드득 뽀드득 발밑에서 나는 소리와 느낌이 온몸으로 전해왔다. 참 오랜만에 듣고 느껴보는 소리다. 리조트 앞 길가에는 얼어붙은 분수가 꽃보다 아름다웠다. 자연이 주는 순백색의 선물이 이처럼 아름다울 줄이야. 감탄을 거듭하며 내가 믿고 의지하는 하나님께 감사를 드렸다.

대자연의 아름다움 앞에 나는 무릎 꿇고 감사드리고 싶었다. 내가 볼 수 있고 느낄 수 있는 것이 얼마나 감사한 일인가. 지난 한 해를 뒤돌아보며 모두에게 마냥 감사를 드렸다. 맑은 겨울 하늘과 살을 에는 찬바람과 함께 나는 한참 동안 그렇게 감사기도를 하며 눈길을 걸었다.

내겐 어린 시절 눈에 관한 추억이 참 많다. 겨울이 오고 눈이 소복이 쌓인 날은 흥이 저절로 났다. 마을 앞 언덕길은 영락없이 우리들의 놀이터로 변했다. 우리들은 반들반들 얼어붙은 언덕의 눈길 위에 비닐포대를 들고 다니며 눈썰매를 즐겼다. 누런 코가 나오면 손등으로 훔쳐 옷소매가 반들거려도 개의치 않고 서로 한 번이라도 더 타려고 씽 하고 내려온 길을 다시 뛰어서 오르고 내리면서 그렇게 해가 질 때까지 지칠 줄 모르고 우리들은 얼마나 신바람이 났던가.

그때 순자는 빙판길을 내려오다가 비닐포대 운전을 잘못하여 나무에 부딪쳐 팔뚝에서 피가 났다. 금식이는 발목을 다쳐 부모님에게 야단맞았고, 나도 집에 와서 옷을 벗어보니 몸 곳곳이 피멍 자국으로 얼룩졌다. 후배 영선이는 키도 작고 몸도 작지만 하는 것은 야무지고 당찬 데가 있었다. 그 콩알만 한 것이 어찌나 비호같이 빙판길을 잘 타고 오르내리던지 지금 생각해봐도 웃음이 나온다. 지금은 그 시절이 아름다운 추억이고 그리운 친구들이 보고 싶다.

이렇게 시설 좋은 눈썰매장에 안전요원까지 배치되어 있는 곳에서도 나는 행여 다칠까 봐서 눈썰매나 봅슬레이를 많이 타지 못했지만, 이 모든 일들이 한없이 감사할 뿐이다. 아들과의 약속을 어기고 딱 한 번 눈썰매와 봅슬레이를 타긴 했지만 아무 곳도 다치지 않았으니 그 정도면 약속을 지킨 거나 다름없다고 나름대로 생각하며 아이들에게 전화를 했다.

내가 어느새 아들들의 염려와 보호를 받는 나이가 되었다. 참 세월 살같이 빠르다. 오늘이란 시간이 좀 지난 뒤에는 그런 것들이 다 아름다운 추억으로 기억되리라 생각하며 걷던 발길을 돌려 뽀도독 뽀도독 리듬에 맞추어 동료들이 모여 있는 곳으로 천천히 걸었다.

조롱박 이야기

목욕탕 | 어머니와 지팡이 | 별명
조롱박 이야기 | 아버지 | 아중역 | 가을 전주천 언저리
S병원 1502호실 | 老松의 눈물 | K 지점장 이야기
이혼하지 않는 그녀 | 제주에서 만난 중국 곡예단
조카와 겨울바다 | 가을비

3

목욕탕

우리 동네 대형 목욕탕에 들어서면 크고 작은 동그란 탕이 종류별로 4개로 나뉘어 각각 물이 담겨 있다. 원형이 서로 만나는 지점에는 커다란 대리석으로 만든 두꺼비가 앉아 있고 그 입에서는 온도가 다른 물이 쏟아져 나온다.

그중 유독 한 녀석은 당장이라도 물속으로 뛰어들어갈 자세다. 다른 녀석은 헤엄치고 나와 잠시 쉬는 모습 같다. 또 한 마리는 나만 물끄러미 바라보는 것 같아 나는 부끄러워 고개를 돌리곤 했다.

언제나 많은 사람으로 떠들썩한 대중목욕탕이지만 가끔씩 눈에 뜨이는 모습에 시선이 고정되곤 한다. 모녀가 나란히 앉아 이야기하며 서로의 등을 밀어주는 다정한 모습을 볼 때면 그 모습이 몹시 부러웠다. 또 다른 모습은 더욱 아름답다. 노모의 몸을 아이 대하듯 정성스럽게 닦아주는 장면이다. 나는 대개 목욕탕에 갈 때는 지인과 동행을 하지만 혼자

갈 때는 등을 밀지 못하면 어쩌나 걱정이 앞선다.

예전에는 목욕할 때 옆 사람과 서로의 등을 밀어주는 것이 당연했다. 그런데 언제부터인지 목욕탕에서 서로의 등을 밀어주는 모습은 보기 드물다. 얼마의 돈을 주고 때밀이 전문가에게 몸을 맡기거나 긴 타월로 혼자서 하는 사람들이 많다.

이곳으로 이사 오기 전에 다니던 소형 목욕탕의 때밀이 아주머니 손이 쉬고 있을 때 나는 가끔씩 등을 밀어 달라 했다. 이곳은 때를 밀려는 사람들이 언제나 대기하고 있기에 등만 밀어 달라는 말을 차마 하지 못한다. 그렇다고 손발 멀쩡한 몸으로 전신을 때밀이 전문가에게 맡길 수도 없는 일이다.

나는 다른 여인들처럼 시간에 쫓기는 것도 아니고, 피곤한 일을 하지 않는 형편이니 때를 미는 아주머니에게 부탁할 이유도 없다. 그러기에 예나 지금이나 목욕탕에 가면 타월로 때를 밀어야 속이 시원하지만 손이 닿지 않는 곳이 언제나 문제다.

오늘도 목욕탕은 많은 사람들로 붐볐다. 앉을 빈자리를 찾으러 돌아다니다 발견한 곳은 두 사람이 앉을 수 있는 공간이었다. 다행이다 싶어 자리를 잡고 앉았다. 잠시 후에 쌍둥이처럼 닮은 아가씨 2명이 빈자리 하나에 비좁게 앉아 목욕을 했다. 다행히 내 왼쪽 자리가 비워지기에 자리를 양보하고 옮겨 앉았다. 고맙다고 인사를 하고 나란히 앉아 다정하게 속삭이며 목욕하는 모습이 예의 바르고 예뻤다.

옆에서 목욕하는 나도 덩달아 즐거웠다. 손이 닿지 않는 등 쪽을 포기하고 허리에 손을 대는 순간 "제가 등을 밀어 드릴게요." 하며 아가씨가 손을 내밀었다. 예기치 않은 친절에 순간 당황했다. 나는 미안하다며 등을 맡겼다. 아가씨가 어찌나 세심하게 등을 밀어주는지 고맙고 미안한 마음이 들었다.

"이젠 그만 밀어요. 팔 아프겠어요."

"아니에요. 이렇게 튼튼한 걸요."

가느다란 팔에 힘을 주어 보이며 웃는 모습이 천사 같다. 감사하다고 복받으라고 덕담을 하고 목욕 마무리를 하는 동안 마음이 행복했다. 친절하고 마음이 따뜻한 아가씨를 바라보며 저런 아가씨를 며느리로 맞으면 참 좋겠다는 생각을 하며 밖으로 나왔다. 맑은 하늘이 더욱 높고 깨끗해 보였다. 내 안에 행복 바이러스가 가득하기에 그 기운이 하늘에 올라갔지 싶다.

세상이 아니 사회가 점점 이기주의적으로 변하고 인심이 갈수록 흉흉하다지만 목욕탕에서 만났던 아가씨마냥 내 주위에 따뜻한 이웃이 있고 내가 사랑해야 할 이웃이 있기에 아직은 살맛나는 세상이 아닌가 싶다.

어머니와 지팡이

어머니는 전화기 앞에서 기다렸다는 듯이 첫 번째 벨이 끝나기도 전에 전화를 받는다.

"엄마, 목소리가 왜 그래요?"

"다리가 아퍼 죽것다."

어머니의 퇴행성관절염이 갑자기 더 심해지셨나 보다. 여든하고도 여섯에 접어든 연세이니 어느 한 곳 아프지 않다는 것이 오히려 이상한 일이지 싶다. 나는 수화기를 내려놓고 어머니가 사는 아파트로 달려갔다.

어머니는 나를 보자 반갑기는 하지만 자리에서 일어서기도 힘이 드는지 지팡이를 짚고 겨우 일어섰다. 기우뚱, 기우뚱 지팡이에 의존하여 걷는 모습이 안타깝기 그지없다. 어머니의 무릎은 현대의학의 발달로 수술은 가능하지만 나이 드신 분이기 때문에 그냥 통증만 가라앉게 해준다는 병원이 있어서 어머니를 모시고 그 병원에 찾아갔다. 매주 1회씩 5

회를 맞아야 아프지 않는다는 의사 선생님 말씀이 그저 고마울 뿐이다.

어머니가 2회 주사 맞는 날 집 현관 구석에 서 있는 지팡이를 챙기는 나에게 지팡이 없어도 괜찮다고 했다. 어머니가 앞서 걸어가는 모습을 나는 그 자리에 서서 한참을 바라보았다. 어느덧 4회 주사를 맞는 날 어머니의 아파트로 모시러 갔으나 어머니는 자리에서 일어나지 않으려고 했다.

이유는 돈만 많이 들고 낫지도 않으며 커다란 주삿바늘이 너무나 무섭고 아프다며 어머니는 이젠 그 주사를 그만 맞겠다고 하셨다. 참 난감했다. 5회까지 다 맞지 않으면 지금까지 맞은 것이 허사라고 어린아이 타이르듯 이야기를 풀어나갔다. 어머니는 하는 수 없이 병원에서 주사를 맞으면서 얼마나 아픈지 눈물을 뚝뚝 떨어뜨렸다.

어머니의 등을 토닥이며 잘 참고 주사도 다 맞았으니 이번에는 치과에 들르자 했다. 불편한 틀니 상담을 하고 보수를 할 수 없어 새로 맞추었다.

"할머니, 이제 아무 문제없이 30년은 잘 사용하실 수 있을 겁니다."

"그리 오래 살아서 뭐해, 늙었으니 어서 죽어야지……."

어머니는 의사의 말에 화들짝 놀라며 말씀은 그리했지만 나는 그 말이 거짓말이란 걸 잘 알고 있다.

이제 다리도 다 나았고 불편한 틀니도 새로 했으니 다음 주에는 마지막 주사를 맞고 봄나들이 시켜드리겠다고 했다. 평소에 어머니에게 고맙게 하는 이웃 할머니까지 챙기는 어머니의 뜻에 따라 그분들과도 동행하기로 약속했다.

이른 아침 핸드폰으로 엄마가 부르셨다. 송광사에 벚꽃이 만발하였다는데 언제 갈 수 있는 것인지 꽃이 질까 봐 걱정이 된다고 했다. 나는 그날 오전에 가기로 약속하고 다른 약속을 뒤로 미루었다. 송광사는 주일인 어제는 인파 때문에 차량 출입이 통제되었다는데 오늘은 자동차를 서행하며 만개한 벚꽃을 마음껏 볼 수가 있었다. 벚꽃 터널 속을 지나칠 때 어머니와 친구 분들은 소녀처럼 밝고 맑게 환호성을 지르며 기뻐하였다.

나는 내친김에 위봉폭포까지 가서 차를 세웠다. 정자(亭子)에 올라 자리를 펴고 준비한 간식을 즐기는 어머니 일행을 뒤로하고 아름다운 산과 폭포의 절경을 감상하고 있노라니 신선(神仙)이 된 듯싶었다. 정자에 앉은 어머니와 친구분들은 한참 웃은 뒤 박수를 치며 노래를 불렀다.

"찔레꽃 곱게~ 피~는 남쪽나라 내 고~향, 언덕 위에 초가삼간 그립습니다……." 어디서 많이 듣던 목소리, 86세인 엄마의 18번이 끝났다. 72세 할머니는 "연분홍 치마가 봄바람에 휘~날~리~더~라, 오늘도 옷고름……." 이어서 68세 할머니는 「꽃을 든 남자」라는 노래를 열창했다. 나는 춤이라도 덩실덩실 추고 싶은 마음으로 힘찬 박수를 보내며 앙코르를 반복했다. 이번에는 세 분이 합창을 했다. 옆에서 이른 점심을 먹던 젊은 할머니들이 합세를 하여 산중 노래 한마당이 펼쳐졌다.

위봉폭포도 얼마나 좋은지 춤을 추며 맑은 목소리로 박자를 맞추는 것 같았다. 위봉폭포는 어머니의 노래 실력을 이미 알고 있었지 싶다. 어머니는 작년 경로당 노래경연대회에서 어머니가 소속된 아파트 노인합창단이 당당히 우수상을 거머쥐었다고 상금을 자랑했었다. 위봉산 능선이며 골짜기에 핀 산벚꽃의 산뜻함과 대아저수지를 굽이굽이 돌아보고 싶어 나는 자동차 핸들을 돌렸다. 낯설지 않은 마을을 지나다 보니 길가에 수양버들이 우아한 자태로 반기고, 앙증맞은 조팝나무 꽃은 서로 손을 잡고 재잘거리며 쉽게 놓아주질 않았다. 참 아름다운 봄 풍광이었다.

어머니와 친구분들은 오랜만에 참 많은 꽃을 보아서 몇 년 동안 꽃구경 안 가도 되겠다며 예쁜 꽃들을 가슴에 가득 담았다고 행복해하시었다. 그 모습을 바라보니 내 마음이 행복했다. 내년에도 또 구경시켜드릴테니 아프지 말고 건강하시라고 말씀드렸다. 집으로 돌아오는 길 온몸으로 피로가 밀려왔지만 오늘 하루 잘했다고 나에게 칭찬을 해주었다. 부모의 지팡이는 못난 자식이라는 것을 또다시 알게한 소중한 시간이었다.

별명

서울에서 살고 있는 초등학교 동창생인 경원이가 어느 날 문득 내가 보고 싶다며 전주에 왔다. 우리들은 참 오랜만에 해후를 했고 찻집에 마주앉아 서울 친구들 이야기, 고향 이야기 그리고 전주 이야기를 했다. 그러던 중 경원이가 누군가에게 전화를 하더니, 대뜸 휴대전화를 내게 건네주었다.

"누구인데, 여, 여~보세……" 말이 채 끝나지도 않았는데 중년의 남자 목소리가 들려왔다.

"너, 노락쟁이지? 노락쟁이……."

"엉, 누군데?" 나는 얼떨결에 긍정했다.

"나야, 인마 나야, 나!"

상대방은 일방적으로 몰아붙였다. 어릴 적 내 별명을 아는 사람이라면 우리 동네 사는 사람들 중 딱 한 사람이 떠올랐다.

"으응 그럼 너는 안반?"

"그래."

"그럼 넌 '안반' 금식이란 말이지? 오매나 이게 얼마만이야, 아무튼 징허게 방갑다. 안반 너는 사장님이 되어 돈도 많이 벌고 얼굴도 변하지 않고 그대로라며?"

나 역시 따발총처럼 전하고 있는 것을 한참 후에야 알았다. 비록 얼굴은 보이지 않지만 오래전 안반처럼 너부데데하고 펑퍼짐한 금식이의 얼굴을 떠올리며 이런저런 이야기를 하면서 서로의 안부를 물었다. 금식이는 어릴 적 한동네 살았던 죽마고우(竹馬故友)다. 어려서부터 나랑 유독 서로 부딪치며 시비 걸고 싸우는 강적이었다.

나는 동네 대장이었고 금식이는 사내 녀석이라 나를 자주 괴롭혔다. 그러니 동네 골목은 언제나 조용할 날이 없었다. 그 친구는 남자라는 이유 하나만으로, 나는 뭐든지 이겨야 한다는 마음으로 가득 차 있었지 싶다. 다행히도 공부는 나보다 못해서 나를 따라 올 수 없었지만 자치기며 구슬치기 같은 것들은 내가 따라잡을 수가 없었다. 겁쟁이인 내가 제일 무섭고 두려운 귀신놀이도 안반에게는 지고 싶지 않아 무서움도 독기로 참아가며 끝까지 하곤 했다.

나는 안반의 기세를 말싸움으로 꺾어 놓았다. 안반은 달려와 나를 때리거나 노락쟁이라고 골려주며 도망가기 일쑤였다. 어쩌다 내가 맞고 울기라도 하는 날이면 둘째 언니가 내 대신 안반을 때려주고 그러다가 결국은 엄마들끼리 말다툼을 했다. 안반과의 잦은 싸움 때문에 애들 싸움 어른 싸움 된다는 말을 어려서부터 실감나게 경험했다.

사실 안반과 나는 엄마 뱃속에서부터 서로 경쟁했다. 태동은 내가 먼저 시작했지만 안반은 나보다 하루 먼저 세상에 고추를 달고 나왔던 것이다. 내 위로 딸만 셋이었기에 아들을 간절히 바랐던 부모님은 또 딸을 낳았으니 당시 우리 집은 한동안 초상집 같았다고 한다.

특히 아버지는 나를 바라보며 한숨의 골이 깊어 갔고, 우리 동네는 겨우 초가집 15가구가 옹기종기 모여 살기에 누구네 집 좀도리 쌀은 어디 놓고 사용하는지, 논과 밭은 몇 마지기이며 안순이네 돼지는 몇 근 나갔는데 얼마에 받고 판 돈은 또 어디에 어떻게 썼는지 모르는 것이 오히려 이상할 정도로 서로 터놓고 지내는 마을이었다. 안반과 나는 같은 해 초등학교를 졸업했다.

내가 중학교에 입학원서를 접수한 후 마을 사람들은 더욱 수군거리기 시작했다. 아비도 오라비도 없는 계집아이를 공부시켜 뭐할 거냐는 것이었다. 우리 동네는 빈촌이라 그 당시 초등학교만 졸업해도 다행으로 알고 살았다. 그러니 우리 동네는 아이들 교육 수준뿐만 아니라 모든 생활수준이 많이 뒤떨어진 마을이었다. 나는 교사가 되는 것이 꿈이었다. 그래서 아이들을 학교에 보내지 않는 어른들과 맞서 싸우고 싶었다. 어린 자식들이 공장생활을 해서 보내온 돈이 얼마이고 명절에 누가 무엇을 사왔다며 자랑이 늘어지는 마을 어른들이 나는 너무 부끄러웠다.

하기야 사방을 둘러보아도 목돈이 되는 유실수도 없고 서해바다가 그리 멀지는 않지만, 그때는 바다를 이용하여 무엇을 생산해내려 하지 않았다. 돈이 될 만한 것은 천수답인 논이 전부였고 산비탈에 밭이 조금 있었던 것으로 기억이 된다. 그런 마을에 우리 집은 마을 앞 뽕나무 밭에서 매년 2회씩 누에를 키워 팔아서 목돈을 잡고 집안일을 하는 머슴도 있었으니 동네 사람들 입에 오르내리는 것은 당연한 것이었다.

노락쟁이, 기억에서조차 잊고 살았던 내 어릴 적 별명은 머리가 유난히 노래서 붙여진 별명이었다. 친구들은 나와 싸움을 걸려면 노락쟁이라는 별명을 앞세워 시비를 걸어왔다. 나는 노락쟁이라는 말이 정말 싫었지만 선배 언니나 오빠들이 내 별명을 부르곤 했다.

친구들이나 후배들은 동네 대장인 나를 감히 건드는 사람은 없었지만 선배들은 언제나 내가 못마땅하였지 싶다. 어른들은 나에게 두레라고 했다. 다음에는 아들을 낳으라는 뜻이었다고 한다. 그 때문인지 몰라도 두 살 아래 남동생이 태어났다.

까마득히 잊고 있었던 내 별명 노락쟁이, 문득 내 별명이 몹시 정겹다. 이 밤 안반이 나를 노락쟁이라고 불러주어 어릴 적 추억을 회상할 수 있어 참으로 기뻤다. 안반도 나처럼 별명을 듣고 다시는 돌아오지 않는 지난날의 추억을 그리워할까? 별명이 안반인 금식이도 그리 많이 변하지 않았다고 경원이가 전해주었지만 보고 싶다.

보고 싶은 안반의 얼굴과 어릴 적 함께 뛰놀던 꺽다리 순자와 친구들의 얼굴이 스쳐간다. 다시는 돌아갈 수 없는 어린 시절이기에 아름다운 추억만큼은 잊지 말자고 다짐해본다. 깊어진 밤하늘에 수많은 별들이 노락쟁이, 노락쟁이라며 자꾸 놀려대는 것만 같다.

조롱박 이야기

어느 여가수는 「이웃사촌」이란 노래를 불러 유명세를 탔다. 누구나 이웃의 소중함을 모르는 이는 없을 것이다. 옆집과 우리 집은 담 하나로 나뉘어져 있지만 그 담은 실제로는 별 도움이 안 된다. 옆집 사람들은 대문이 잠겼을 때는 어른이나 아이 모두 우리 집 주차장으로 들어와 담을 넘어가기에 실제로는 담이 있으나 마나다.

더구나 옆집 여인은 몇 년 전만 해도 사소한 일로 동네 여인들과 부딪친 적이 한두 번이 아니다. 또 비가 내려 그 집 앞 도로에 모래가 쌓이거나 대문 앞에다 아이들이 과자봉지 하나만 버려도 골목이 시끄러웠다. 동네에서 고운 눈으로 바라보는 이 없는 그 여인은 온 동네 미운 시누이다.

그러던 그 여인이 남편의 직장 때문에 다른 도시에서 2년 남짓 살다가 다시 돌아왔다. 골목이 또다시 시끄러워질 거라는 생각은 오산이었다. 여인은 많이 변해 있었다. 만나면 먼저 다가와서 인사를 했지만, 그 여인이 여우로 둔갑한 건지 천사로 변한 것인지 미덥지가 않아 처음엔 인사를 해도 달갑지 않았다.

따사로운 어느 봄날, 이름 모를 덩굴이 담을 넘어 우리 집 쪽으로 내려왔다. 호박 덩굴도 아닌 것이 참외도 아닌 것 같고 무슨 덩굴일까 몹시 궁금했으나 찾아가 물어보고 싶은 마음은 없었다. 퇴근하던 여인이 나와 마주치자 먼저 인사를 하기에 마지못해 저게 무엇이냐고 물었다. 여인은 큰소리로 웃더니 남편이 박씨를 얻어와 심은 조롱박이라고 했다.

어릴 적 초가지붕 위에 핀 희고 고왔던 박꽃을 떠올리며 박 덩굴을 몰라본 내가 부끄러웠다. 한여름 밤이슬에 목욕한 조롱박 덩굴은 날마다 무럭무럭 자랐다. 옆집 식구들은 밤이 깊어진 것도 잊은 채 잎을 갉아먹는 달팽이를 잡는다며 밤이면 불을 환히 밝히고 올망졸망한 어린아이들까지 모여 온 가족이 웅성거렸다. 어느 날에는 조롱박 덩굴이 타고 올라갈 새끼줄을 만든다며 식구들이 지붕 위에 달라붙어 줄을 매기도 했다.

조롱박 덩굴은 어느새 마당 가득 그늘을 만들더니 지붕 위로 올라갔다. 꽃망울이 올라와 새하얀 꽃을 피우기 시작했다. 낮에는 새하얗게 눈이 부시고 날마다 밤이 되면 달의 모양과 빛에 따라 박꽃의 빛깔이 달라 보였다. 보름날 밤이면 달빛 머금은 은은한 박꽃의 모습이 황홀하기까지 했다.

나는 밤이고 낮이고 틈만 나면 옆집 조롱박 꽃들을 훔쳐보기 시작했다. 정작 조롱박은 옆집이 심어 놓았지만 모든 것을 보고 즐기는 것은 내가 되었던 것이다. 우리 집에서 바라보는 조롱박 꽃은 참으로 아름다웠다. 어느 곳에서도 볼 수 없는 진풍경이었다.

어린 시절 우리 집과 이웃집 초가지붕 위의 박꽃은 가을이 오면 크고 작은 박을 주렁주렁 매달았다. 잘 익은 박을 거둬서 톱으로 타면 박꽃처럼 하얀 속살을 드러내놓았다. 그 속살을 꺼내 가마솥에 끓여 먹기도 했다. 그렇게 박은 모든 것을 아낌없이 내어주고 마지막에는 바가지가 되고 그 바가지는 다용도 그릇으로 사용되었다.

바가지는 어머니 머리 위의 물동이 속에서 둥둥 춤을 추며 물 주먹을 막아주었다. 또한 잔칫집에서는 악기가 되어 신명을 돕기도 했다. 보리밥이 주식이던 그 시절, 바가지는 때로는 양푼 대신 사용되기도 했다. 밥을 퍼서 바가지에 담아 온갖 야채와 고추장, 참기름을 넣고 쓱쓱 비비면 맛있는 즉석 비빔밥 그릇이 되었다.

지금은 박으로 만든 바가지를 구경할 수가 없다. 그렇게 우리 생활 속에서 바가지가 사라진 지 오래다. 바가지는 언제부터인가 우리 주변에서 자취를 감추고 그 자리를 가볍고 질기며 크기와 모양 색깔까지 다양한 플라스틱 도구들이 우리 생활 깊숙이 파고들었다. 이제는 그 바가지가 퇴색한 책장을 넘기듯 우리의 기억 속에서조차 사라지려 하고 있다.

어느 한가로운 날 오후, 옆집 여인에게 다가가서 말했다. 지난여름과 가을이 익어 가는 동안 조롱박이 나를 너무나 행복하게 해주었다고. 참 고맙다고 인사를 건넸다. 그동안 마음속에 담아 두었던 그녀에 대한 나쁜 기억도 모두 지워버리고 진정한 이웃으로 거듭나고 싶은 마음까지 담았다. 여인은 자기 집 대문을 활짝 열고 들어오라 했다.

여름 내내 피고 지던 박꽃의 결실이 박덩굴 아래서 옹기종기 매달려 있었다. 모양이나 크기가 저마다 다른 조롱박들이 주렁주렁 다정스럽게 매달린 모습을 바라보며 나는 탄성을 보냈다. 여인도 꽃이 지고 매달려 점점 자라는 조롱박을 바라보며 행복했다고 말했다. 우리는 함께 웃었다. 여인은 조롱박을 수확할 때 가장 예쁜 박을 골라 줄 테니 잘 익을 때까지 기다려보라고 했다. 오늘도 옆집 조롱박은 따가운 가을 햇살을 보듬고 탐스럽게 익어간다.

아버지

아버지! 나에게 아버지라는 호칭은 꽤 어색하다. 이 세상에 그 누구도 아버지 없이 태어난 사람은 없을 터이지만 나는 어려서부터 아버지를 모르고 자랐다. 내가 점점 자라면서 언니에게 우리 아빠는 어디 있느냐고 물었을 때 아빠는 하늘나라에 계신다며 언니는 하늘을 가리켰다.

그 후로 나는 아빠가 보고 싶을 때면 하늘을 한없이 바라보았다. 철이 들어갈 무렵 어머니는 아버지 이야기를 해주었다. 내가 네 살 되던 그해 겨울, 아버지는 지병으로 고생하다 흰 눈이 펄펄 내리던 겨울 동짓달 스무날 우리의 곁을 떠나셨다고 했다.

아버지는 이 세상을 떠나는 그 순간까지 올망졸망 어린 자식들을 두고 차마 눈을 감지 못하였다고 한다. 딸들만 줄줄이 낳고서야 겨우 외아들을 낳은 엄마의 기쁨도 잠시. 의지할 아버지도 가까운 친척도 없이 어머니 홀로 그동안 우리들을 먹이고 입히는 것만으로도 힘에 겨웠다는 것이다. 하지만 아버지의 유언을 받들어 외아들 눈뜨게(공부를 시키는 일) 해주어야 하는 강한 책임감으로 살고 있다고 말하던 어머니였다.

그런 줄도 모르고 나는 공부하고 싶다고 엄마를 조르곤 했다.

"이 철없는 것아, 너 땜에 하나밖에 없는 동생 공부 못 시키면 어쩌라고 그러냐. 나중에 아버지 만나면 뭐라 말하라고 아버지의 유언을 지켜 주어야지."

원망과 한숨으로 눈물 흘리던 어머니의 모습이 지금도 생생하다.

초등학교에 다니던 시절에 같은 반 동네 친구인 순자는 아버지나 오빠에게 야단을 맞거나 매를 맞는 일이 잦았다. 순자가 울면서 아버지에 대한 원망과 오빠들에 대한 미움을 털어놓으면 너는 그런 아버지랑 오빠가 있으니 참 좋겠다며 함께 울었던 기억이 난다. 우리의 이야기를 옆에서 들은 어머니의 가슴을 후벼파는 소리였음을 나는 나중에야 알았다.

내 나이 열여덟 가을에 교회에 가고 싶다는 나와 옆집 언니가 동행하여 주었다. 그곳에서 하나님 아버지라는 단어가 너무나 낯설고 여간 어색하여 "하나님" 하고 불러 보았지만 "아버지"라는 말은 나오지가 않았다. 그렇게 어색하고 입에 익숙지 않은 '아바 아버지' 대신 하나님, 예수님만 부르며 기도를 했다.

결혼을 하면서 나에게도 시아버지가 생겼다. 여전히 아버님이라는 호칭이 잘 나오지 않았다. 어느 날에는 혼자 있는 시간에 아버님, 아버님 연습을 하기도 했다. 그 후로 아버님이라는 존칭보다는 아버지라고 불러드렸다. 시댁에 가기 전 미리 전화하고 출발하면 아버지는 어느새 시장에 가서 우리들이 먹을 수 있는 음식들을 사다 냉장고에 가득 넣어두셨다.

때로는 아버지가 수고하지 못하게 연락도 하지 않고 시댁에 도착하면 반갑게 맞아 주던 시아버지가 어디에도 보이지 않았다. 한참 후에 숨을 헐떡이며 양손에 먹을 것을 가득 들고 대문을 열고 들어오셨다. 시아버지는 우리에게 무조건 먹이고 싶은 사랑이었던 것을 알았다. 지금은 고인(故人)이 되신 시아버지의 말없는 사랑을 잊지 않고 나는 가끔씩 그 사랑을 마음속으로 되새기곤 한다.

20년이 넘게 결혼 전부터 다니던 교회를 나와 한동안 방황하다가 전도사님과 권사님 권면으로 지금의 교회에 등록하였지만 내 마음이 쉽게 열리지 않았다.

새로 등록한 교회의 최 목사님이 우리 집 심방하는 날이기에 마음의 준비를 했다. 하지만 무슨 마음이 돌변한 것인지 목사님 말씀에 순종하지 못하고 내 입에서는 엇갈리는 대답만 자꾸 나왔다. 목사님은 어이없는 표정이고 나는 마치 어린아이가 생떼를 쓰는 모습이었다. 옆에서 어쩔 줄 몰라 하는 사모님과 전도사님의 안타까움과 애타는 마음을 알면서도 왠지 바른 말을 하기가 싫었다. 이런 나를 목사님은 한심하다는 눈으로 바라보시더니 성령 충만함을 받으라는 축복기도를 하였다.

평소 자주 내왕하며 가까이 지내는 전남 장성 박 목사님 앞에서는 좀 더 심한(사춘기 아이 같은) 나를 발견하였다. 전화로 이런저런 이야기를 하던 중 마음에 걸린다며 걱정이 되어 오신 목사님은 이야기하던 중 눈물을 흘렸다. 목사님은 나를 안타깝게 바라보며 말씀하시더니 오랜 시간 기도를 한 뒤 또다시 눈물을 닦으셨다.

나는 이렇게 의연한데, 목사님은 왜, 저러시지? 풀리지 않는 수수께

끼가 머리를 맴도는 며칠이 지났다. 지난번 목사님이 흘리신 눈물을 나는 이제야 조금은 알 것 같다. 길이 아닌 길을 자꾸만 가는 아이처럼 가시밭길인데도 그 길이 좋은 길이라고 달려가는 내가 얼마나 안타까웠으면 그리 눈물을 보이셨을까?

그 마음을 나는 이제야 조금 알 것 같다. 시아버지가 돌아가시면서 마지막 숨을 몰아쉬고 끝내 토해내지 못하고 차마 눈을 감지 못하였던 이유를, 시아버지가 말없이 무조건 베푸시던 사랑을, 우리 목사님이 큰소리로 야단치고 싶었던 그 마음을, 박 목사님의 간절하였던 마음을 내가 믿고 의지하는 하나님 아버지가 바로 이와 같다는 것을…….

"아바 아버지!" 이제 나는 두 손 모아 아버지 앞에 조용히 고개 숙여 기도한다. '아버지 나의 죄를 용서하여 주시옵소서! 방탕한 이 딸을 불가운데 던져버리지 않고 귀하신 주님의 종들에게 인도하시어 또다시 거듭나게 하여 주신 것에 감사드립니다.' 두 분 목사님으로 인하여 나는 영(靈)의 아버지와 육(肉)의 아버지의 의미를 새삼 느낄 수가 있었다.

아중역

가급적 빨리 음식점으로 오라는 지인의 연락을 받고 하던 일을 서둘러 마무리하고 달려갔다. 평소에 지인은 말이 별로 없는 분이다. 침묵하고 계실 때면 바위와도 같지만 언제 만나도 넉넉하고 편안한 분이다. 지인은 원로 선배님과 늦은 저녁 식사를 마치고 내가 음식점으로 들어서자 자리에서 일어나셨다.

밖으로 나와 지인의 소개로 시인과 인사를 나누었다. 나는 초면에 너무 오랫동안 기다리게 하여 죄송하다며 인사를 했다. 내가 긴장하여 어찌할 바를 몰라하는 것을 안심시키려는 듯이 이 시인님은 나를 반가이 맞으며 호탕하게 웃었다. 나는 이 시인님의 인자한 모습에 한결 긴장이 풀렸다. 우리들은 식당에서 나와 아직은 차가운 3월의 밤공기를 마신 후 자동차에 올랐다. 어디로 모실까를 물었더니 잠시 동안 망설이던 두 분은 동시에 아중역으로 가자셨다.

나는 전주에 30년 가까이 살면서 단 한 번도 아중역에 들어가 보지 않았는데 한밤중에 아중역에 가자는 두 분의 마음을 알 수가 없었다. 아중역에 도착하여 대합실 문을 여는 순간 깜짝 놀랐다. '삐거덕' 적막을 가르는 소리는 어린 시절 높고 길쭉한 정지(부엌) 문에서 들었던 아주 정겨운 소리였다. 역무원도 보이지 않는 텅 빈 아중역 대합실에 처음 들어갔으나 전혀 낯설지 않고 포근하고 편안한 느낌이었다.

또 다른 문을 열고 철길로 나섰다. 우리들은 맞이할 사람도 배웅할 사람도 없는 철길에서 서성이다 긴 나무 의자에 앉았다. 어둠 속에서 뭔가 움직임을 보았다. 저만치에 한 여인이 가방을 메고 서 있었다. 이렇게 늦은 시간에 그곳에 혼자 서 있는 모습이 대단해 보였다.

나는 여인에게 다가가서 왜 그렇게 서 있는지 이유를 물었다. 여인은 군산에 가려고 기차를 기다린다고 했다. 잠시 후면 기차가 정차할 것이라는 말이 나를 흥분시켰다. 여인은 이곳에서 정차하는 이번 기차가 막차이고 익산에서 내려 군산 가는 버스로 바꾸어 타야 한다고 했다. 기차표는 어디에서 구입하느냐는 질문에 여인은 나를 한참 동안 바라보더니 이곳에서는 차표 없이도 탈 수 있고, 역무원이 다음 정거장에서 점검할 때 구입할 수도 있다며 굽어진 철길을 바라보았다.

내가 또다시 물었는데 여인은 친절하게 답해주었다. 아중역에서는 하루에 상행선 두 번 하행선 두 번 기차가 정차한단다. 여인의 말대로 저만치에서 마지막 상행선 기차가 어둠 속에서 불빛을 깜박이며 다가와 철거덩 하고 멈추었다. 잠시 정차한 기차에 한 사람이 타고 다섯 사람이 내렸다. 나는 기차에서 내려 종종걸음으로 흐트러지는 사람들의 뒷모습이 보이지 않을 때까지 부러운 마음으로 바라보았다.

오래전 기차를 타고 여수에 다녀온 추억이 문득 떠올랐다. 젊은 시절 전라선 밤기차를 타고 여수역에 내리면 바다가 물안개를 피워 올리며 잠자는 새벽을 깨우고 있었다. 한겨울이지만 오동도 양지바른 기슭에는 수줍은 동백꽃이 이슬을 머금고 피었다. 그 꽃잎이 지금도 잊히지 않는다. 갑자기 나도 밤기차를 타고 어디든지 가고 싶어졌다.

논둑길과 밭이랑 사이로 전형적인 시골 분위기 그대로였던 예전의 아중역은 이곳에서 제일 높고 화려한 건물이었다. 그러나 지금은 옛 논과 밭에는 신도시가 들어와 화려한 건물들로 밤이면 불야성을 이룬다. 오늘은 네온 불빛에 취해 비틀거리는 또 하나의 나를 건져내어 등을 돌린다. 이 시인님이 이곳을 찾아온 것에 대하여 감탄하더니 즉석에서 시를 건져 올렸다. 얼마 전 정 시인님은 이곳에서 「아중역」이란 시를 썼다. 기억에 남는 몇 줄을 읊조려 본다.

아중리 러브호텔 촌이 들어선 뒤부터
둥지를 틀고 사는 새들도
간이역이 아름다운 이 마을을 떠났다
(이하 생략)

지나온 세월을 묶어 두고 떠날 수 있다는 것은 그래도 용기 있는 선택이리라. 나는 미련 때문에 아니 그보다 더 지긋지긋한 것들 때문에 주변을 맴도는 나그네가 되어 이곳 전주를 떠나지 못하고 살았다. 철새처럼 살다가 이제는 텃새 되어 살고 있다. 화려한 네온 불빛처럼 어쩌면 우리의 운명도 엇갈리는 것은 아닌지, 내일은 이곳을 떠나는 사람이 한 명이라면 다시 돌아올 사람은 열 명이었으면 좋겠다.

지금도 아중리 철길을 넘어가면 예전 모습 그대로인 곳도 있다. 천수답 작은 논에는 보랏빛이 아름다운 자운영 꽃이 가득 피었다. 어머니와 자운영이 가득한 논에 앉아 연한 잎을 따다가 나물을 만들어 먹으며 상큼한 봄 향기에 젖을 수 있어 좋았다.

봄이면 그곳의 자운영 꽃을 생각만 해도 가슴이 설렌다. 네온 불이 화려한 길 건너 저쪽과는 달리 간이역 이쪽에는 자운영이 피어나는 계절이 있어 더욱 이곳을 좋아하는지 모른다. 아중역에서 상행선이든 하행선이든 기차를 타고 목적 없이 떠나고 싶다.

그리고 올봄에는 아중역 너머의 자운영 꽃이 보고 싶어 다시 찾아올 것만 같다. 보라색으로 변한 앙증맞은 모습의 작은 꽃잎과 얼굴 맞대고 속삭이고 '삐거덕' 성지 분 열리는 소리를 아중역에서 또다시 듣고 싶어질 것이다.

가을 전주천 언저리

두꺼운 옷으로 바꾸어 입었지만 어깨가 자꾸만 움츠러든다. 올가을에는 기필코 전주천 언저리의 가을을 만나야지 하며 벼르고 벼른 날이 오늘이다. 코끝에 스치는 매서운 바람이나 추위쯤은 상관없다. 전주향교에서부터 시작하여 물이 흘러가는 길을 따라 양쪽으로 피어 있는 억새꽃이 끝나는 지점까지 한번 걸어볼 심사였다.

전주의 오랜 역사와 함께 흐르던 전주천은 늘 새롭게 거듭나는 것 같다. 전주천 살리기 운동 성공으로 이곳에서도 쉬리와 같은 1~2급수에서 사는 물고기들이 발견되었다더니 아닌 게 아니라 물이 맑으니 공기도 맑았다. 전주대교 밑에 이르렀다. 어림잡아 100여 명의 사람들이 무리를 지어 있고, 대여섯 명씩 군데군데 모여 있었다. 그냥 지나치려다 호기심이 일어 그쪽으로 발길을 돌렸다. 남자들이 엉클어져 돈내기 동양화 놀이가 한창이다.

이곳 다리 밑은 오래전부터 노인들이 모여 하루를 보내는 놀이터였다. 하지만 언제부터인지 사오십으로 보이는 젊은 사람들이 많이 섞여 있다는 소문을 오늘 확인했다. 젊은 사람들은 대부분 벽에 기댄 채 눈을 감고 있거나 멍하니 하늘만 바라보기도 했고 고개 숙인 채 바닥에 뭔가를 열심히 긁적거리는 모습도 보였다. 몇몇 눈에 띄는 젊은이들은 행색이 말이 아니었다.

저만치에 홀로 멍하니 앉아 있는 노인을 바라보니 문득 슬픈 생각이 들었다. 70대 중반으로 보이는 노인 몇 분은 말없이 흐르는 물만 바라보고 있었다. 다가가 인사를 하며 점심 식사는 하셨냐고 물었더니 귀찮다는 듯이 지금이 몇 시인데 그런 질문을 하느냐고 되물었다. 나는 말문이 막혀 어떤 질문을 하려다가 그만 입을 다물었다.

사람들이 가장 많이 무리 지어 있는 곳으로 발길을 옮겼다. 이곳에서도 화투치는 사람보다는 구경하는 사람들이 더 많았다. 장기를 두는 노인들도 있었다. 시계를 보았다. 무엇을 시작하거나 마치기도 어정쩡한 오후 3시 30분이다. 전주교 인파 속을 빠져나왔으나 다시 억새꽃과 주변의 단풍을 즐기려는 마음이 무겁다. 전주교 다리 밑에서 노인들과 어울려 놀고 있던 젊은 사람들 때문인 것 같다.

물결 따라서 북으로 내려오다 징검다리가 놓인 곳에 다다랐다. 징검다리는 넓고 짧게 건너기 편하게 놓여 있었다. 몇 개의 징검다리를 건너다 보니 겁이 났다. 예나 지금이나 징검다리를 건너는 것은 여전히 무섭다. 나는 시골에서 자랐지만 어릴 적에도 우리 동네는 물장구치며 놀 만한 개울도 징검다리도 없었다. 사춘기 소녀 시절에는 우연히 도랑을 건너가다가 너무나 무서워서 그 자리서 오도 가도 못하고 엉엉 운 적이 있다. 결혼해서도 남편의 손을 잡고 징검다리를 한두 번 건너본 것이 전부다. 지금은 50이 가까운 나이이지만 징검다리는 여전히 무서워 혼자서는 건널 엄두를 못 낸다.

전주교 부근에서 멈췄던 억새꽃이 또다시 시작되었다. 억새꽃은 참으로 장관이었다. 오후 햇살을 받아 더욱 화사한 억새들이 물결치며 다가산 주변의 단풍들을 더욱 돋보이게 했다. 어디에서 시작했는지 거센 바람이 불어 억새꽃들은 휘어진 허리를 꺾기지 않게 서로가 서로에게 어깨를 내주며 환하게 웃었다.

다가교 밑을 지났다. 전주교 밑과는 달리 사람들은 어느 곳에도 보이지 않았다. 억새꽃들만 이는 바람에 온몸을 흔들어대다 또다시 제자리에 서곤 했다. 기온이 내려가는지 몸이 시렸다. 아니 어쩌면 마음이 시린 것이리라. 점점 세차게 불어오는 바람이 어느새 걱정으로 변했다.

전주교 밑에서 보았던 초점 잃은 젊은이의 모습이 떠올라 복잡한 도로 위에 서서 전주교 쪽을 멍하니 바라보았다.

S병원 1502호 병실

며칠 전 응급실에서 일반병실로 옮겨왔나. 커튼이 내려진 어둡고 텅 빈 병실에는 6개의 빈 침대가 양쪽으로 나란히 놓여 있었다. 남자 간호사는 잘 훈련된 솜씨로 온몸을 심하게 다친 나를 마치 마네킹을 다루듯 남쪽 창가로 옮긴 후 긴 침대를 끌고 가버렸다.

내 차의 조수석에 탔던 미영이는 다행히 경상이라 병실에서도 내 옆자리에 나란히 자리한 후 보호자 역할까지 함께했다. 나는 항생제와 여러 종류의 주사를 매달았지만 통증으로 견디기 힘들 때는 진통제까지 사용하며 며칠 동안 사고의 악몽에 시달려야 했다.

작년 크리스마스이브에 우리 가족과 함께 보낸 진숙이 언니가 올해도 크리스마스가 돌아오니 잊지 않고 연락했다가 교통사고 소식을 듣고 달려왔다. 옛말에 여자 셋이 모이면 찬장 속의 접시가 깨진다고 했는데, 우리들은 여자 셋이 모여 작은 케이크에 촛불을 켜고 죽음에서 건져주신 주님께 감사 기도를 드렸다.

잠시 후 예쁘장한 여인이 씩씩거리며 병실로 들어왔다. 여인은 작은 접촉사고인데 합의 과정에서 뭐가 뒤틀렸는지 맞은편 중앙의 침대 하나를 차지하고 앉아 여러 곳으로 전화를 하는 모양이 눈과 귀에 심하게 거슬렸다. 넓은 병실을 미영이와 둘이서 사용하던 특별 혜택은 오늘로써 끝나버린 셈이다.

목구멍이 포도청이라 했던가. 미영이는 아직 치료를 더해야 하는데 회사에 출근해야 불이익을 덜 본다며 서둘러 퇴원했다. 부안에 사는 향자가 연락도 없이 전주에 왔다가 사고 소식을 듣고 찾아왔지만 친구의 얼굴이 편해 보이지 않았다. 친구 따라 강남 간다더니 친구는 손가락 관절 치료를 하고 싶다며 내 곁에 입원하고 싶다고 했다.

나는 이번 기회에 입원하여 정기검사와 다른 검사도 받도록 권했다. 향자는 미영이가 사용했던 자리에 입원하게 되어 미영이가 맡았던 병간호를 대신 해주었다. 병실에 또 다른 환자가 들어왔다. 이번에는 양손을 들어올려 어깨까지 깁스한 여인이 '받들어 총' 하고 개선장군의 모습으로 씩씩하게 걸어 들어왔다. 병실에 등장하는 모습에 웃음을 숨기느라 이불을 뒤집어쓰고 한참을 킥킥거렸다. '수근터널 증후군' 으로 양손을 수술한 여인은 보호자 없이 식사를 했다. 그 모습이 안타까워도 내가 도움을 받는 처지라 달리 도와줄 수도 없었다.

여인에게 '이번 기회에 손이 불편한 장애인의 고통을 체험해보세요.' 했다. 그렇게 하는 중이라며 웃어넘기는 여인은 마음도 좋아 보였다. 여인은 스무 살에 부모님 반대를 무릅쓰고 연애 결혼하여 건강한 남편의 모습은 3년 정도 보았을 뿐, 20년이 넘는 세월 동안, 남편은 병원을 집보다 더 많이 들랑거리며 살고 있다고 했다. 남편 병원비며 아이들 학비, 생활비 전부를 혼자서 감당할 수밖에 없는 여인은 지금까지 돈이 되는 거라면 닥치는 대로 했다고 했다. 남자들도 힘들어하는 건축 공사장에서 최근까지 철근 작업을 했다는 여인의 콘크리트 아니 철판 같은 손을 만져보았다.

기계도 오래 사용하면 교체하는데 우리 몸도 한계가 있는 법이다. 거칠어진 여인의 손을 놓고 답답한 마음을 가눌 길 없어 문을 열고 복도로 나왔다. 저물어 가는 겨울의 석양은 세상에서 제일 넓은 도화지에 말할 수 없는 묘한 이미지를 연출하고 있었다. 마치 손목 수술한 여인의 삶처럼 한 집안의 가장으로 살아온 여인과 석양의 하늘 빛깔이 닮은 것 같았다.

대학병원에 입원했다던 그 여인의 남편이 환자복 차림으로 찾아왔다. 남편은 여인의 손을 대신하여 머리를 감겨주고 곱게 빗질해주었다. 그 모습을 보며 부부의 참 아름다운 사랑이지 싶었다. 서로에게 부족한 것을 채워가는 부부의 애틋한 사랑이 모진 생활도 버티게 하는 힘이겠구나 생각하니 내 가슴도 뜨거운 사랑으로 채워졌다.

병실에는 또 다른 환자가 들어왔다. 한 해가 저물어가고 다가오는 새해를 좋은 사람이랑 함께할 수만 있다면 이보다 더 행복할 수가 어디 있으랴. 군산에서 사랑하는 사람을 만나러 달려온 아가씨가 횡단보도에서 교통사고를 당해 다리를 깁스하고 휠체어를 타고 병실 문을 밀고 들어왔다. 다음날 오전에는 고령의 할머니가 입원하는데 아들딸, 손녀, 손자 일가친척이 요란스럽게 입원실로 들어왔다.

오후에는 1소대를 동행한 40대 여인이 한 손을 깁스하여 높이 쳐들고 배를 내민 채 들어왔다. 갑자기 병실이 어수선하고 몹시 시끄러워졌지만 화목한 가족인 것 같아 보였다. 새해라고 원근에 흩어진 형제들이 모여 그들을 대접하다가 부엌칼로 다친 여인은 호들갑스럽기도 하고 넉넉해 보이며 덩치에 어울리지 않게 엄살이 심했다.

조용하던 병실은 환자들로 가득 채워졌고 들고나는 사람들로 붐비니 설날 재래시장만큼이나 시끌벅적했다. 나이보다 훨씬 많아 보이는 50대 후반의 아주머니가 조용히 들어와 마지막 하나 남은 침대에 앉았다. 한쪽 팔은 붕대로 감고 얼굴은 수심이 가득한 야윈 모습이었다. 나는 한동안 아주머니의 모습에서 시선을 뗄 수가 없었다.

아주머니 남편은 15년 전에 교통사고를 당해 지금까지 자리 보전하고 있다고 했다. 그동안 남편 병원비며 약값, 술값, 담뱃값, 생활비와 6남매 교육비까지 여리고 작은 몸으로 혼자서 감당해 왔지만 지금부터가 걱정이라는 것이다. 아주머니는 건설현장에서 페인트 작업을 하다 10m 아래로 떨어졌지만 다행히 목숨을 건졌다고 했다.

불행 중 다행으로 오른쪽 팔만 떨어져나가 대수술을 하고 2차 병원을 찾아왔다고 했다. 이젠 치료받고 나가도 한쪽 팔이 없으니 앞으로 살아갈 길이 막막하다며 내리 한숨만 쉬었다. 아주머니의 힘들었던 삶이 눈에 보이는 듯하여 가슴이 아렸다.

1502호 병실 환자들은 가슴 아픈 사연들과 몸과 마음이 만신창이가 되어 병원의 도움을 받으며 치료받고 있었다. 나는 방장으로서 모두의 사연들을 들으며 병실 분위기를 최고로 즐겁게 만들고 싶어졌다. 내가 이곳에 머무는 동안 병실 사람들이 몸과 마음 모두 치료받고 희망을 안고 퇴원하기를 바라는 간절한 마음을 담았다.

매일 즐거운 대화로 병실은 항상 시끌벅적했다. 아픔과 걱정을 잠시 뒤로하고 항상 즐거운 화제를 만들어 병실 안은 웃음꽃이 떠나지 않았다. 병문안 오는 사람들은 위로하러 왔다가 오히려 위로받고 돌아간다며 특별한 병실이라고 모두 한마디씩 했다. 내일은 우리 병실을 '웃음이 샘솟는 즐거운 병실'로 이름을 다시 붙여달라고 말해야겠다고 하니 또다시 웃음이 창문을 넘었다.

어둠이 내린 창문을 커튼으로 차단하고 침상에 누운 여인들의 작은 신음, 뒤척이는 소리, 코고는 소리, 고른 숨소리 등등 이제는 모든 것에 익숙해졌다. 병실에서 나는 소리들을 자장가 삼아 잠을 자거나 작은 등을 켜고 책을 읽다 보면 어느새 날이 훤히 밝아온다.

떠오르는 태양은 매일 같은 밝기지만 새롭게 맞는 태양은 희망의 빛으로 눈부시게 다가온다. 아픈 만큼 성숙해진다는데 내 삶의 방향이 잘못 표시되어 있지 않은지 다시 한 번 확인하며 모든 이들에게 고맙고 감사한 마음이다. 죽음에서 건져주신 하나님과 S병원 1502호 방장을 역임한 병실은 내가 이 세상 다하는 날까지 잊지 못할 것이다.

老松의 눈물

우리 동네 근처에는 '천연기념물 제 355호'로 지정되어 보호받는 곰솔나무 한 그루가 450년의 수령을 자랑하며 살고 있다. 내가 오래전에 곰솔나무를 처음 보았을 때 너무 웅장하고 아름다워 한동안 넋을 놓고 바라본 적이 있다.

그 후에도 가끔 그 나무를 홀로 찾아갔다. 아이들이 어렸을 적에는 아이들을 데리고 일부러 찾아가서 곰솔나무의 사연을 들려주었고, 대답하기 난처한 질문에는 대충 얼버무렸다. 나뭇가지가 군데군데 떨어져나간 모습을 가리키며 아이들이 물으면 태풍 때문이라며 자연이 우리에게 많은 도움을 주지만 때로는 무섭게 앗아가는 것에 대한 설명도 덧붙였다.

곰솔나무가 나이를 너무 많이 먹어서 눈이 많이 내리거나 거센 바람이 불면 힘이 없어 견딜 수가 없기 때문에 두꺼운 쇠기둥이 나뭇가지를 군데군데 받치고 있다. 그런 나무를 바라보며 지팡이에 의지하는 할머니 같다는 아이들에게 자연도 사람의 보호가 필요하다는 이야기를 하며 아이들 표정을 살피던 기억이 생생하다.

얼마 전 TV뉴스에서 고사(枯死) 위기에 놓인 곰솔나무가 방영되는 것을 보았다. 누군가가 고의적으로 나무를 죽이려 했다는 등, 여러 가지로 조사 중이라는 곰솔나무를 찾아갔다. 왼쪽 날개 하나를 또다시 잃고 힘없이 서 있는 곰솔나무의 모습이 참으로 처참했다.

곰솔나무는 결국 대수술을 했으나 회복의 희망 없이 사경을 헤매고 있다는 소식을 들을 때마다 마음이 아팠다. 그러나 곰솔나무를 멀리서 바라보며 기도할 수밖에 나는 아무것도 할 수가 없었다. 비록 지금은 고사(枯死) 위기에 빠진 곰솔나무지만 우리 동네에 이렇게 멋진 소나무가 있다는 것이 나에게는 커다란 자랑거리다.

곰솔나무는 예전에는 아름다운 정원에서 평화롭게 살고 있었다. 그러나 지금은 넓은 도로변에서 밤낮으로 질주하는 자동차의 소음과 매연으로 인한 고통을 하소연도 못하고 그동안 홀로 외로운 투쟁을 하느라 얼마나 힘들었을까 생각하니 너무 측은해서 견딜 수가 없다. 정작 곰솔나무를 걱정하는 사람들은 많아도 그 누구도 지켜주지는 못하였지 싶다.

천연기념물로 지정하였으면 보호하고 관리해야 마땅할 터인데, 정이품 소나무보다 울창하던 나뭇가지도, 그 고운 자태도 이제는 흔적도 없이 사라졌다. 이제는 또다시 한 팔이 잘려나갔다. 온갖 새들이 모여 서로 동네 이야기를 전하느라 부산하다. 형식이네 이사 간 이야기, 김씨 아저씨네 부부 싸움 이야기, 재롱이 둘째 동생 건강하게 태어난 이야기 등등. 온종일 재잘거리며 동네 이야기 물어다 전해주던 친구들도 이젠 하나둘 모두 떠나버렸다. 곰솔나무는 두 팔이 잘려 이젠 몸뚱이만 동그

마니 남아 겨우 버티고 서 있다. 예전의 그 아름다운 곰솔나무라고는 도저히 믿기지 않는다. 곰솔나무를 바라보는 눈에서 눈물이 나는 것인지 나무가 울고 있는 것인지 알 수 없는 서글픔만 밀려온다.

작년 겨울 동석한 또랑또랑님 소개로 이 시인님과 처음 인사를 나눌 기회가 있었다. 그분은 씩씩한 모습으로 반갑다며 왼손을 내밀었다. 나는 초면에 좀 당황했지만 나도 어정쩡 왼손을 내밀어 인사를 했다. 알고 보니 이 시인님은 군 복무 중에 오른팔을 잃었다고 했다. 얼마 전에는 내 이름을 잊지 않고 왼손으로 자필한 시집 몇 권을 건네 주시면서도 밝고 여유 있는 모습이어서 고령이라는 느낌이 들지 않았다. 이 시인은 언제나 호탕하게 웃으며 모든 사람을 편안하게 대하는 분이다. 대화할 때는 항상 유머가 넘쳐 우울한 마음일지라도 덩달아 즐거운 시간을 보내곤 했다.

그런데 오늘은 왠지 예전 같지 않았다. 왜 그러느냐는 질문에 대뜸 "큰일났어." 하시기에 깜짝 놀라 말문이 막혀 기다리는데 침묵을 깬 것은 이 시인님이었다. 언덕 위의 하얀 집에서 쫓겨나면 어디서 살아야 할지 막막하다는 것이다. 우리들은 주목하고 다음 이야기를 기다렸다.

이 시인님은 지인에게 몇 년 전 보증을 서주었는데 지인이 부도가 나서 집이며 이 시인님의 연금까지도 모두 압류될 지경이라며 고개를 떨구었다. 아픈 딸아이와 노(老)부부가 앞으로 살아갈 일이 까마득하다며 말을 잇지 못하였다. 몸이 성하고 나이라도 젊으면 무엇이든지 해볼 텐데 장애에다 고령의 나이를 생각하면 정말로 남의 일 같지 않았다. 이 시인님은 일행들 속에서 먼저 가겠노라며 자리에서 일어나 나가려다 돌아서더니 시 한 수를 토해내셨다. 푸시킨의 「삶」이라는 시였다.

'생활이 그대를 속일지라도 슬퍼하거나 노여워하지……'

노 시인님은 끝내 참고 있던 눈물을 소나기처럼 쏟아내고야 말았다. 나도 눈물을 흘렸고 동석한 모든 사람들이 한동안 아무 말도 못하고 고개를 숙이고 있었다. 집까지 송두리째 넘어가는 것도 모자라 연금까지 차압당한다니 얼마나 기가 막힐까?

이 시인님은 지금까지 연금으로 집안의 가장 역할을 해왔고 온 식구들이 연금에 의지하여 생계를 이어 나갔을 터인데, 오늘따라 이 시인의 힘없이 축 처진 어깨가 가볍게 떨고 있는 것 같아 차마 오랫동안 바라볼 수가 없었다. 그날 몇 번이나 내 이름을 부르며 다짐하듯이 되뇌셨다.

"다리 밑으로 나가 앉으면 죽 끓여 올 거지?" 눈물에 젖은 이 시인님의 목소리가 귓전에서 떠나지 않는다. 팔들이 다 잘린 곰솔나무 곁을 지날 때마다 이 시인님이 떠오르곤 한다.

K 지점장 이야기

내가 그녀를 처음 만난 건 7년 전이다. 평소 가까이 지내던 옥이 언니 회사에서 고군산열도로 봄나들이를 가기로 했는데, 바다를 좋아하는 내가 생각났다며 함께 가자고 했다.

그렇게 봄나들이에서 처음 만나 인사를 나눈 옥이 언니의 상사이자 보험회사 K지점장인 여인과 지금까지 인연을 맺고 있다. 영업소에서 많은 여인들 속에서 당차고 야무진 목소리로 지시하며 남자들이 해결해야 될 것 같은 일들도 척척 큰 어려움 없이 처리하는 모습이 보통이 아닌 여인 같았다. 나보다 나이는 두 살 아래지만 실제 나이보다 10년 정도 더 높은 사고력과 판단력 그리고 인지(認知) 능력을 지니고 영업에 전념하던 여인이었다.

한 남자의 아내이자 두 아이의 엄마이며 한 집의 가장으로 살아가는 그 여인은 자기관리를 조금도 게을리하지 않는다. 나와 같은 동네에 사는 여인은 밤이면 천변에 나가 한 시간씩 운동을 한 뒤 반신욕으로 건강관리를 한다. K지점장은 직장에 나갈 때는 전투에 나가는 장군이 갑옷으로 완전무장하고 나가듯이, 우리도 직장에 나갈 때는 그런 마음으로 살아야 한다고 말한다.

하루하루 최선을 다해 살고 있다고 말하는 여인의 눈 속에 깊이 숨겨진 슬픔이 보이는 듯하였다. 어느 날 자신과 남편을 위해 기도해달라고 말했다. 서울에 있는 S의료원에서 자신의 남편이 수술을 받을 거라며 불안한 마음을 감추려 애쓰는 모습이었다.

이곳에도 만만치 않은 의료진들이 있는데 그곳까지 간다면 필연 아주 심각한 병인 게 분명하리라 짐작했다. 얼마의 시간이 지난 뒤 남편이 오래전부터 신장이 좋지 않아 병원에서 투석을 하며 지내왔으나 이제는 신장이식만이 살길이라는 진단을 받았다는 것이다. 그동안도 혼자 몸으로 아이들 교육비며 남편 병원비 감당하는 일이 만만치 않았을 터인데 조금도 내색하지 않고 살아왔던 것이다.

시부모는 이미 돌아가셨지만 시집 형제들이 모두 건강하고 넉넉하게 살고 있으니 장기 기증자나 수술 비용도 그리 걱정하지 않았다고 했다. 그런데 막상 장기를 이식하려 하니 시집 식구 어느 누구도 기증하겠다 하지 않고 모두 나 몰라라 하는 것 같아 자리에서 일어나 한없이 울며 그냥 돌아왔다는 것이다.

K지점장은 그때서야 정신이 바짝 들며 남편을 꼭 살리고 싶다는 새로운 각오를 했다고 한다. 두드리면 열린다는 성경말씀처럼 남편을 살릴 수 있는 길을 찾으니 그때부터 희망이 생기더라는 것이다. 지점장은 남편의 신장을 친척한테 받을 수 없는 현실에서 무너지지 않고 자신의 신

장을 교환 이식할 상대가 나타날 수 있기를 기도하며 장기교환이식 신청서를 작성하고 밖으로 나오니 마음에 평화가 왔다고 했다.

영업장에서는 늘 당당하지만 병든 남편을 생각하면 한없이 슬퍼도 어느 곳에서도 마음대로 울 수가 없어 노래방을 찾아가 혼자서 목을 놓아 울어본 적도 있다는 말을 듣고 콧등이 찡했다. 힘든 결심을 했다는 말에 두 아이들의 아빠를, 사랑하는 남편을 살릴 수만 있다면 엄마로서 아내로서 무엇이든 해야 하지 않겠느냐고 했다. 남편을 살릴 수 있는 것이 한없이 감사할 뿐이라고 말하는 여인을 나는 말없이 바라보았다.

장기 교환 기증자가 있다한들 비용도 만만치 않을 것이라 걱정했더니 사람이 먼저라며 무슨 방법이 있을 것이라고 했다. 착한 마음을 하나님이 알았던지 수술 비용으로 내놓은 아파트가 쉽게 팔렸고, 남편의 장기 교환 이식 기증자도 아주 빨리 나타나 큰 어려움 없이 신장 교환이식을 했다고 하얗게 웃었다.

K지점장이 큰 위안을 받고 장기 교환 이식의 용기를 내었던 것은 당시 고등학교에 다니는 아들이 아빠에게 신장을 이식해 줄 테니 조금만 기다려달라는 말이었다는 것이다. 결국 아내는 남편을 위해 자신의 신장을 교환 이식으로 내놓았고 그로 인해 가족 간의 사랑이 더욱 돈독해졌다. 이렇게 아름다운 가정이 우리 주변에 있으니 가정이, 이웃이, 사회가, 나라가 아름답고 사랑이 넘쳐나 아직은 살맛나는 세상이 아닌가 싶다.

이혼하지 않는 그녀

그녀를 처음 만났던 것은 2003년 여름이었다. 오랜만에 만난 친구에게 점심으로 시원한 냉면이나 먹으러 가자고 했더니 친구는 내 얼굴을 말없이 살폈다. 냉면도 좋지만 나에게 소개시켜줄 사람이 있으니 그곳에 가서 점심을 먹자는 것이었다.

자동차에 오른 친구는 소개받을 여인에 대하여 대충 말했다. 그녀는 우리 나이보다 네댓 살 적은데 친구와 그녀는 서로 흉허물 없이 살아온 지 벌써 10년이 넘었고 법 없이 살아도 좋은 여인이라고 했다.

그녀의 집은 전주 변두리에 있었다. 낡은 슬레이트 지붕이 이글거리는 한낮의 열기에 금방이라도 녹아서 허물어질 것만 같았다. 자동차에서 내려 걸으니 신발이 아스팔트 바닥에 쩍쩍 달라붙어 걷기가 쉽지 않았다. 허름한 구멍가게에 들어서니 더운 열기에 숨이 콱 막혀왔다.

가스불 위에서 뭔가를 하던 그녀가 나와 친구를 반가이 맞으며 선풍기를 우리 앞으로 밀어주었다. 낡은 선풍기는 더운 바람만 토해내 숨이 더욱 막혔다. 우리들의 눈치를 살피던 그녀가 방이 조금 시원할 테니 들어가라고 했다.

그녀는 자그마한 키에 나이는 실제보다 훨씬 더 들어 보였는데 얼굴은 선크림은 물론 로션도 바르지 않은 것인지 기미가 가득했다. 하얀 이만 드러내며 웃는 얼굴에서는 그녀의 고달픈 삶이 그대로 묻어 나오는 듯했다.

35도가 훨씬 웃도는 더운 날씨에 겨울에나 입어야 할 두터운 라운드티를 입고 가스불 앞에서 일하고 있는 그녀를 지켜본 나는 그렇게 입고도 덥지 않느냐 물었다. 민망할 정도로 내 얼굴을 바라보던 그녀가 대답했다. 몇 년 전부터 한여름에도 뼈가 시리고 추워서 반소매를 못 입는다며 말끝을 흐렸다.

금방이라도 눈물이 터질 것 같은 그녀의 눈을 피해 어디 몸이 많이 아픈가 보다며 말끝을 흐렸더니 그녀는 긴 한숨을 쉬며 오래전부터 남편에게 구타를 당하다 보니 몸이 망가지고 부서져서 그런다고 했다.

그녀가 한여름 뜨거운 불 앞에서 땀 한 방울 흘리지 않고 만들어온 뜨거운 멸치국수를 맛있게 먹어야 하는데 잘 먹히지가 않았다. 밥상을 밀어놓고 우리들은 울다 웃다 많은 이야기를 나누었다.

그녀의 입에서 나오는 말은 모두 깜짝 놀라게 하는 이야기뿐이었다. 위로는 불같은 시아버지, 호랑이보다 더 무서운 시어머니, 일주일이 멀다하고 술주정하고 폭력을 가하는 남편과 세 딸, 지금은 모두 결혼했지만 주변에서 살고 있다는 시동생 시누이까지 모두 그녀가 챙겨야 했다는 것이다. 요즘도 이렇게 사는 여인이 있다는 사실에 내리쬐는 태양의 열기보다 더 뜨거운 것이 내 안에서 이글거렸다. 이제라도 내가 그녀에게 작은 도움이 되었으면 하는 마음으로 다가갔다.

누가 벌어서 생활하느냐고 물었더니 그녀는 다행히도 근처에 남자 고등학교가 있어 얼마 전까지 대여섯 명씩 하숙을 치고, 작은 슈퍼에서 나오는 걸로 일곱 명의 식구가 먹고 산다고 했다. 방안을 둘러보니 한쪽 구석에 오래되어 보이는 때묻은 돈궤 옆에 가계부가 놓여 있고, 그 위에 몇 장의 로또 복권이 흩어져 있는 모습이 의아했다.

저 복권은 누가 구입한 것이냐는 질문에 여인은 처음으로 눈을 반짝이며 얼굴이 환해졌다. 로또 당첨이라도 된 거냐 묻자 뜻밖에도 그녀의 목소리에 힘이 들어가며 복권에 당첨된 적이 여러 차례 있었다고 했다. 1, 2등은 아니어도 3~4등은 두어 번 당첨되어 살림에 많은 보탬이 되었다고 했나.

나는 집으로 돌아와서도 그녀의 삶이 이해되지도, 쉽게 지워지지도 않았다. 많은 생각을 하게 하는 참으로 신기한 여인의 삶을 한동안 새겨보았다. 그 후로도 두어 번 더 그녀를 만났는데 그녀에게서 어느 날 전화가 왔다. 그녀는 지금 세 명의 딸아이를 데리고 남편의 구타를 피해 서울시청 모녀보호센터에서 임시 기거를 하기에 지금은 안전하지만 앞날이 보이지 않는다고 했다.

그녀가 이상한 삶을 택한 이유를 그녀의 전화를 통해 나는 대충 알게 되었다. 그녀의 남편은 술을 마시면 폭력을 일삼았다 한다. 그러다 언제부터인지 술도 마시지 않은 상태로 구타를 했다고 한다. 구타가 점점 심해지면서 아이들까지 구타하는 것을 참을 수가 없어 여인은 아이들 셋을 데리고 한밤중에 무작정 집을 뛰쳐나왔다는 것이다.

그렇게 집을 나왔지만 마땅히 갈 곳도 없고 법의 보호를 받아야 할 것 같아서 서울로 도주했고, 지금은 서울시청에서 마련해준 파출부 일을 시작해 얼마의 돈도 벌고 있지만, 아이들과 살아갈 앞날이 막막하다며 그녀는 전화를 끊었다.

그 후 그녀는 그녀 언니의 도움으로 10평 정도의 반지하 공간이지만 세 딸과 두 다리 쭉 뻗고 편히 쉴 수 있는 방이 생겼다며 연락이 왔다. 그녀는 파출부 일을 하다가 지금은 도배하는 일을 하기에 비록 몸은 고달프고 힘겹지만 희망이 있고 마음이 편하니 하루 세끼 밥을 먹지 않아도 배가 부르다고 활기찬 목소리로 말했다.

그녀는 도배 1급 자격증을 갖고 싶어 오전에는 도배학원에서 열심히 배우며 오후에는 현장에서 일하고 저녁에는 김밥 집에서 아르바이트를 한다고 했다. 너무 힘들어 어떠냐고 걱정하자 지금은 열심히 일 배우며 돈 벌어 아이들 챙겨 학교 보내는 것만으로 행복하다는 목소리에 생기가 있었다. 나는 아이들을 위해서 무너지지 않도록 건강을 챙기라는 걱정스런 말밖에 다른 말이 떠오르지 않았다.

남편이 있다는 이유로 정부의 아무런 지원도 받지 못하고 이른 아침부터 밤늦게까지 일을 해야만 먹고 사는 현실이, 그녀의 무거운 삶이 한없이 안타까울 뿐이다. 남편과 이혼하면 정부 도움으로 아이들을 키울 수 있는 방법도 있지만 쉬운 일이 아니라고 한다. 아이들이 아버지라고 부를 수 있는 든든한 권한을 엄마로서 감히 빼앗을 수 없다고 말했다. 현재의 고달픔을 깊은 한숨으로 몰아쉬는 그녀의 그런 선택이 미련한 생각인지 지혜로운 선택인지 훗날 아이들로부터 평가받게 될 것이다.

제주에서 만난 중국 곡예단

어릴 적 읍내에 서커스가 들어오면 10여 일씩 마을이 법석이었다. 지금은 갈대밭으로 유명해진 줄포시장 한쪽에 서커스를 위해 천막을 치고 나면 구경하러 원근 마을 사람들은 고된 일을 마친 후 피곤한 몸도 아랑곳하지 않고 앞다투어 밀려 들어왔다.

그 당시 볼거리도 적었고 교통이 발달하지 않아서 서커스는 요즘 유명가수 공연만큼이나 인기가 높았다. 캄캄한 밤에도 십 리 길을 멀다 않고 달려와 넉넉지 않은 주머니를 털어 구경하는 일이 커다란 자랑거리였다. 서커스 단원들은 한가한 시간을 이용하여 광대들과 사물놀이 패들로 변해서 광고하느라 한바탕 시끄럽게 읍내를 휘돌고 다녔다. 올망졸망 아이들이 그들의 뒤를 길게 줄지어 따르던 모습 또한 진풍경이었다.

나도 호기심에 토요일 오후 친구와 함께 들어가 구경했던 기억이 난다. 아슬아슬한 줄타기, 공중회전, 높은 사다리에서 벌이는 가슴 철렁한 묘기 등 무서워서 파랗게 질려버린 기억이 있다. 그 후로는 서커스가 너무 무서워 한 번도 곡예단의 주변을 지나치지도 않았다.

제주에서 문학기행 둘째 날 중국 곡예단을 단체로 구경하러 갈 시간이 되었다. 몇 번이나 차 안에 남을까, 한가롭게 혼자서 茶나 한잔 마실까 고민하는데 단체로 움직여야 한다는 버스 기사님의 말에 따라 내키지 않는 발걸음으로 서커스를 보러 들어갔다. 입장이 끝남과 동시에 관중석의 불이 꺼지면서 공연이 시작되었다.

중국 곡예단 역시 높은 천장에서 줄을 잡고 매달린 천사 같은 2명의 소녀가 서로 협력하여 아름다운 선을 연출하였다. 둘이서 한몸처럼 움직이는 동작 하나에 정확한 시간과 거리 각도를 맞추며 아슬아슬하게 공중을 마음껏 휘돌면서 멋진 기예를 보여주며 공중을 휘돌고 돌아다녔다. 그들은 때로는 흰 나비처럼 여유 있게 하다가 가슴이 철렁한 묘기를 연출했다.

또한 4명의 소녀들은 마치 문어인 양 음악에 맞추어 온몸을 흐느적거렸다. 어디 그뿐인가. 6세와 8세의 여자아이는 처녀들의 발바닥 위에서 마치 인형이나 공처럼 이리저리 움직이는 것이었다. 해설자는 박수를 치라고 하지만 나는 도저히 박수를 칠 수가 없었다. 오히려 눈물이 나왔다. 또다시 이어지는 4명의 청년들이 작은 지구 속에서 오토바이를 타고 정신없이 회전을 하며 요란을 떨지만 눈에도 마음에도 전혀 들어오지 않았다. 요란스런 소리만 제발 빨리 멈추기를 바라며 귀를 막고 눈을 감았다.

드디어 불이 훤히 켜지고 모든 연기가 끝나자 박수를 보내며 자리에서 일어났다. 연기를 보여준 곡예단들이 서서 인사를 하는 것을 보며 꼬마 아이에게 다가갔다. 깡마른 얼굴에 눈만 깜박일 뿐 아이의 얼굴에서 미소라고는 찾을 수가 없었다. 여린 피부에 화장을 덧칠하고 무표정한 얼굴로 마네킹처럼 손만 흔들고 있었다. 중국 곡예단의 단원들은 이렇게 우리나라에 와서 돈을 벌 수 있는 것이 최고의 행운이고 배불리 먹을 수 있는 것이 최대의 행복이라 한다.

또한 중국에서는 곡예단을 제주에 보내려고 서로 경쟁이 치열하다는 것이다. 한국에 머물 수 있는 기간은 6개월이지만 그렇게 번 돈으로 중국에 돌아가면 온 가족이 몇 년은 편히 먹고 살 수 있다는 것이다. 중국은 누가 뭐래도 대국이다. 빈부의 차가 심한 것도 익히 알고 있다. 하지만 내가 알고 있는 것은 중국의 부와 화려함보다 빈곤에 시달리는 중국인들에게 우리가 선교해야만 되는 지역이 너무도 많다는 것이다.

제주에서 일정표대로 미르공원 등, 몇 군데를 돌아보고 숙소로 가는 차에 올랐으나 중국 곡예단에 끼어 있던 어린아이가 생각났다. 부모 없는 낯선 땅에서 처녀 발바닥 위에서 날마다 공 구르듯 굴려야 하는 어린 아이의 행복지수는 과연 얼마나 될까?

조카와 겨울 바다

오랜만에 서울에 사는 큰조카에게 안부 전화를 했다. 그런데 조카의 목소리가 예전 같지 않았다. 나는 대뜸 무슨 일이 있냐고 물었다. 말이 없는 조카에게 다시 집에 무슨 일이 있는지 묻자 "이모, 나 요즘 너무 힘들어." 이대로 있으면 우울증 걸릴 것 같다고 했다. 나는 깜짝 놀랐다.

조카는 인내심도 남다른데 조카 입에서 이런 말이 나오니 무슨 일이냐고 되물었더니 조카는 말도 하기 싫다고 나중에 통화하자며 먼저 끊었다. 온종일 조카가 마음에서 맴돌아 조카를 만나야겠다는 생각을 굳혔다. 조카를 데리고 겨울 바다에 가면 좋겠다는 생각을 한 뒤, 나는 조카에게 다시 전화를 했다. 움직이기 싫다는 조카를 겨우 서산까지 오게 했다.

서울과 전주의 중간지점인 서산터미널에서 조카와 만나기로 약속을 한 나는 태안반도를 인터넷으로 찾다가 태안 7경 중 하나인 만리포 해변이 코앞에 있는 펜션을 예약하고 출발했다. 서산으로 가는 내내 조카를 만나서 무슨 이야기를 어떻게 풀어 나가야 할지 많은 생각을 했다. 터미널에서 조카를 만나 서산 수산시장에 들러 횟감을 사고 매운탕 재료까지 풍성하게 얻어 자동차에 실었다.

펜션으로 가는 도중에도 조카는 별로 말을 하지 않았고 그저 묻는 말에 겨우 단답형으로 대답만 했다. 우리는 만리포 해변 숙소에 짐을 풀고 바다로 나갔다. 끝없이 펼쳐진 해변을 바라보며 백사장을 걸었다. 소나무가 있는 산 위에 올라 은빛으로 빛나는 오후의 겨울 바다 풍경을 바라보았다.

모든 걸 다 내려놓고 자신에게 근심걱정을 다 풀어 놓으라는 바다의 소리를 들었는지 조카는 그동안의 모든 이야기를 털어 놓았다. 나는 같이 공감하고 때로는 흥분하며 순전히 조카의 입장에서 이야기를 들어주었다. 그렇게 만리포 해변 붉은 노을이 잠이 들 때까지 이야기를 하다 숙소로 돌아왔다.

어둠이 점점 깊어가면서 여기저기서 폭죽 소리로 잠자는 바다를 깨웠다. 밤바다를 걷는 것이 또 하나의 즐거움이기에 조카와 함께 밖으로 나왔다. 펜션 주인은 우리들이 나오기를 기다렸다는 듯이 풍등을 하나 주며 사용하라 했다.

우리들은 풍등에 각자의 기도문을 쓰기 시작했다. 글을 많이 쓰면 풍등이 잘 올라가지 않는다는 펜션 주인의 말에 간단하게 썼다. 조카는 좀 길게 쓴 풍등에 환하게 불을 밝혀 하늘로 높이 아주 높이 올려 보냈다. 하나님은 우리의 기도를 다 알고 응답해주실 것이다.

나는 깊은 한숨을 내쉬는 조카의 손을 잡고 썰물이 안고 달아나 저 멀리에서 들려오는 파도 소리와 함께 밤바다를 즐겼다. 얼마를 걸었을까. 밤바람이 피부 깊숙이 파고들어 되돌아오며 조카에게 말했다. 직장에서나 자식에게 최선을 다했으면, 후회 없을 정도로 최선을 다했다면 너를 힘들게 하는 무거운 짐을 그만 놓아버리는 것도 좋은 방법이라고.

세상에서 가장 소중한 것은 바로 나, 나 자신이라는 것을 힘주어 말했다. 조카도 이제 더 이상 힘이 들어 다 놓아 버리고 싶다고 했다. 그동안 얼마나 힘이 들었으면 이렇게 말하는 것일까. 조카의 작은 어깨가 한없이 작아 보였다.

나하고 동갑인 조카사위는 결혼할 당시 은행원이었지만 주식에 빠져 있다가 명퇴를 당했다. 그 후로 하던 사업도 신통치가 않았다. 조카의 교사 월급으로 고등학교 때부터 미국으로 유학 간 딸아이 학비 대며 생활하기가 너무 힘이 들었다고 한다.

아침이 되어 비 내리는 회색빛 바다가 너무나 좋아 미동도 하지 않고 서 있는 내 곁으로 밤새 파도 소리와 대화하느라 뒤척이던 조카가 조용히 다가와 팔짱을 끼며 고맙다고 했다. 나는 아무 말 없이 바다를 바라보며 조카의 어깨를 다독여 주었다.

비가 내리는 날이라서 천리포 수목원에 가려던 마음을 접고 우리는 천리포 해변으로 차를 돌렸다. 천리포 해변은 작은 포구다. 조그마한 해변이라서 천리포라 했지 싶다. 자동차에서 내려 추억을 남긴 채 우리는 또 다른 해변으로 출발했다.

비가 내리지만 태안반도 구석구석을 보고 싶어 태안 8경 중 2경인 안흥성으로 내비게이션을 켰다. 조선 시대 뱃길로 찾아오는 중국 사신의

영접지였고, 군사 요충지였던, 안흥성은 비가 내리기 때문에 산성에 올라 바다를 볼 수가 없어 아쉬웠다. 신진대교를 찾아가 보았으나 해무로 인해 바다가 보이지 않았다. '가의도'에 가려던 계획을 포기하고 연포 해변에서 인증샷을 남기고 우리는 몽산포 해변으로 갔다. 아기 피부만큼이나 부드러운 모래를 밟으며 끝없이 펼쳐진 바닷길을 비를 맞으며 걷는 것도 나쁘지는 않았다.

꽃지 해변에 도착하니 비가 내리는데도 할미 할아비 바위 주변에는 많은 사람들이 모여 있었다. 썰물 시간대에 저렇게 땅이 보이리라고 생각도 못했다. 가까이에서 할미 할아비 바위를 보고 싶은 마음이 컸지만 '금강산도 식후경이라 했듯' 늦은 점심 식사를 했다. 서서히 지면이 물에 완전히 잠겨 가까이 다가갈 수 없는 아쉬움을 뒤로하고 우리는 해변에 서 있는 자동차 카페에 올랐다.

따뜻한 아메리카 커피 한 잔씩 마주 놓고 앉아 조카는 내 손을 꼭 잡으며 또다시 고맙다고, 잊지 않겠다고 했다. 그리고 놓아 버리려던 무거운 짐을 주님 앞에 내려놓고 다시 엄마로 아내로 직장인으로 새롭게 시작해 보겠다고 했다. 그래 고맙다. 나도 너를 위해서 기도할게. 나는 조카의 손을 꼭 잡아 주었다.

가을비

가랑비와 주룩비가 교대로 이틀째 내리고 있다. 이제 그치리라 생각했지만 또다시 흐린 하늘에서 한낮부터 비가 내리기 시작했다. 나는 무엇에 홀린 사람처럼 집으로 가던 차를 돌려 서쪽 바다로 향했다.

파도가 출렁이는 바다를 보려면 가장 빠른 길을 택해야 한다. 군산 산업도로는 시원스럽게 뻗어 있어 달리기만 해도 기분이 좋아진다. 문득 작년 가을에 비응도 바닷가에서 만났던 바닷게가 생각났다. 바위에 앙증맞게 기어다니던 그 바닷게를 또다시 만날 수 있을지 모른다는 생각에 마음이 조급해졌다.

무작정 앞만 보고 달리는 자동차처럼 무조건 바다를 향하는 내 마음이 비슷하게 위험하다는 생각이 잠시 스쳤지만 멈출 수는 없었다. 비응도 항에 도착하니 하늘과 바다가 맞닿은 수평선의 진회색이 가끔씩 다가오는 파도까지 회색빛으로 삼켜버리는 것만 같았다.

비응도는 역시 진한 바다 냄새가 좋다. 비응도와 특별한 인연이나 추억은 없지만 바다는 생각만 해도 좋다. 새만금 공사가 본격적으로 시작되면서 이곳 비응도 주변이 날마다 변하고 있다. 불과 몇 달 만에 찾아왔는데 여기저기 공사가 한창이라 너무도 많이 변해서 낯설고 삭막하기까지 하다.

파도 소리를 기대했지만 깊은 바닷물 때문에 바다는 호수처럼 고요했다. 바닷새들이 간간이 공중을 날아다니는 모습을 볼 수 있으니 그나마 다행이지 싶었다.

서해안 시대가 시작된다며 서해안고속도로가 개통되었고 대규모의 바다를 막아 육지로 만드는 '새만금간척사업' 이 완공되면 우리나라 지도가 바뀔 거라고 한다. 이곳 작은 섬 비응도 역시 시대에 맞게 변화의 꿈을 꾸고 있다. 군산시에서는 비응도를 해양레저를 즐길 수 있도록 2006년에 완공할 목적으로 한창 공사 중이다.

이곳에 오면 바닷가에서 나를 반기던 바위가 하나 있었다. 그 바위에 앉아 있노라면 복잡했던 마음도 내려지고 억울했던 일들도 용서가 되었다. 그렇게 마음을 비우고 있노라니 바닷물이 출렁이던 어느 날 작은 바닷게가 찾아와 친구처럼 함께 놀아주던 기억이 생생한데, 어느새 그곳마저 육지로 변했다.

새들은 날개가 있어 비상할 수 있으니 다행이지만 날개가 없는 바닷게는 육지로 변할 줄도 모르고 놀다가 바위와 함께 묻혀버린 것인지 아무리 둘러보고 불러보아도 바닷게뿐만 아니라 큰 바위도 찾을 수가 없었다. 어디 그뿐인가. 비응도 옆 새들의 안식처인 새들의 작은 섬, 바닷새들의 보금자리도 흔적 없이 사라져버렸다. 둥지를 잃은 바닷새들만 그 자리를 차마 떠나지 못하고 주변을 배회하는 것이 옛집을 그리워하는 것만 같았다.

바닷새들을 바라보며 차를 한잔 마시고 싶어 커피 자동판매기에 동전을 털어 넣었다. 따스한 커피 한 잔을 마셨다. 두 번째 커피는 허전한 마음을 달래려고 마셨다. 바위틈에서 나와서 나랑 놀아주었던 작은 바닷게가 보고 싶어서 또 한 잔 더 마시고, 그리고 이미 식어버린 커피잔을 손에 들고 오래오래 멍하니 낯선 바위에 앉아 있었다.

또다시 새롭게 태어나기를 바라는 비응도와 잠시 머물렀던 이곳의 아름다운 추억을 잊지 않기 위해 이미 식어버린 커피를 마셔야겠다. 사람들은 이런저런 핑계와 이유로 술을 마신다지만, 나는 육지로 변한 비응도에서 사라져버린 바위와 바닷게, 그리고 새들의 둥지였던 작은 섬이 육지로 변해버린 이유 때문에 커피에 흠뻑 취해버렸다. 취해서 이 밤도 잠이 올 것 같지 않다. 다 가을비 탓이다.

비가 내리는 날이면

빙판길 | 낚시 | 동행 | 영자 언니
한 달에 두 번 | 형부 | 입영통지서
우지 마고 이거 먹어 | 명심이 | 서른다섯 짧은 삶
비가 내리는 날이면 | 정거장

4

빙판길

초거울부터 남편은 동장군 맞을 준비를 철저하게 했다. 옥상 수도는 얼지 않게 꽁꽁 묶어 놓고 우레탄폼으로 빈틈없이 단열처리를 해놓았다. 수도 파이프 역시 예년에 비해 철저하게 대비하는 것 같았다.

나는 따뜻한 커피를 건네며 남편 옆에 앉아 물었다. "이렇게 하면 절대 얼지 않는 거지?" 이 정도라면 웬만한 추위는 거뜬할 거라고 남편은 말했다. 하지만 수돗물을 열어 놓지 않으면 꽁꽁 얼어붙는 대책 없는 강추위가 며칠째 지속되었다.

남편과 나는 생활하기 편리한 아파트보다 단독주택을 선호하여 불편을 무릅쓰고 텃밭을 가꾸고 밤이면 커피를 마시며 별을 바라보며 살아왔다. 올겨울 추위를 몇 차례 당하다 보니 슬며시 아파트로 옮기는 것을 남편과 의논해 보았으나 언제나 주택이 좋은 것으로 결론이 났다. 눈이 수북이 쌓인 옥상에서 올해도 아이들과 눈사람을 만들어 놓고 마냥 기뻐했다.

밤새 내린 눈이 낮에 살짝 녹았다 또다시 눈이 내려 얼어붙는 날씨가 며칠째 반복되었다. 도로는 살얼음판이 되어 무서운 무기로 변했다. 나는 빙판길이 너무 무서워 자동차를 세워두고 살금살금 걸어다녔지만 넘어지는 것은 순간이었다. 조심해야지 하는 순간 어느새 내 머리가 빙판길 위에서 공처럼 튕겼다.

의식을 잃었다가 깨어 보니 머리가 멍하며 길 한복판에 대자로 누워 있는 것이었다. 순간 너무나 부끄럽고 창피했다. 빙판길 위에서 서둘러 일어나려 했지만 굼벵이처럼 몸만 꿈틀거렸다. 창피하고 부끄러운 것도 잠시였고 도움이 필요하다는 것을 느끼는 순간 나를 도와줄 사람은 아무도 없었다. 지나가는 사람이나 자동차도 보이지 않고 창문을 열고 내다보는 사람도 없었다. 뿌연 하늘만 흔들리며 어서 일어나라 했다.

온종일 목에 통증이 왔지만 괜찮아지겠지 하며 병원에 가지 않았는데 다음날 자리에서 일어나지 못했다. 큰일이다 싶어 병원에 가서 상담을 하니 의사는 목이 심하게 다친 것(작은 혈관이 여러 개 터짐) 같다며 정형외과에서 신경외과로 옮겨 검사를 받으라 했다. 사진을 판독하던 의사는 내 목 부분을 바라보며 이 정도라면 굉장한 통증이 있었을 텐데 어떻게 참았느냐면서 또 다른 검사 결과지를 한참을 바라보았다.

사진에 뇌경색 증세가 여러 차례 지나간 흔적이 있는데 그동안 통증이 없었느냐고 물었다. 내 머릿속 상태를 상세히 설명하는 의사 앞에서 나는 참았던 눈물을 주르륵 흘렸다. 담당의사는 입원하여 당분간 치료를 받으면 괜찮아질 것이라고 나를 위로했고 나는 병실 308호 표지판을 찾아 걸어갔다.

입원하여 집중 치료를 받으며 다른 곳도 체크했다. 병원에 입원하여 있으니 건강한 몸이 얼마나 중요한가를 알 수 있었다. 이런 것을 전화위복(轉禍爲福)이라 했던가. 지금까지 이런저런 핑계와 이유로 나는 쉰여섯 살이 되도록 건강검진 한 번 받지 않았다. 사진으로 바라본 내 머릿속이 어찌나 지저분하고 심각하던지. 의사 선생님은 이 정도라면 그동안 통증이 심했을 터인데 머리 아프지 않았냐고 다시 물었다.

머리가 여러 차례 아프긴 했지만 나는 그럴 때마다 가벼이 여기고 진통제 같은 걸로 대신했던 기억이 난다고 말했다. 진즉 병원에서 검사를 하여 치료를 받지 그랬냐며 어이없게 바라보던 의사 선생의 눈길이 아직도 생생하다.

그런저런 지난날들을 거울삼아 이젠 아프면 병원에 가서 상담받는 것이 우선이라는 생각을 했다.

입원해 있는 며칠 동안 나는 먹고 자고 먹고 자고만 했다. 아침에 일어나서 식구들 아침 식사 챙기랴 출근 서두르랴 퇴근하면 집안일 마치고 잠시 쉬는 시간 외엔 잠자는 시간까지 무엇인가에 열중해 있던 지난 시간들이 모두 정지 상태이다. 참으로 오랜만에 느껴보는 휴식 같은 입원 기간이었다. 입원 치료를 받는 동안 내 몸과 정신에게 그렇게 휴식을 주었다.

몸이 어느 정도 편안해지니 나는 감사하는 마음으로 기도하고 싶어 기도처를 찾아나섰다. 병원장님이 P교회 믿음이 깊은 장로님이어서 병실 9층에는 교회가 있고 그곳에서 매일 아침 8시 30분이면 예배를 드리지만 며칠은 참석할 수 없었다. 예배실 문은 열려 있었고 아무도 없는 예배실에서 나는 주님 감사합니다, 너무 감사합니다만 되뇌었다. 그 말

외에는 목이 메여 할 수가 없었다.

그렇게 울며 기도하는 중에 무거운 짐을 나에게 맡기고 자유함을 얻으라는 주님의 음성이 들리는 듯해서 기도 중 머리를 들어 사방을 둘러보았지만 고요와 찬 공기만 가득했다. 지금까지 내가 무엇을 주님께 맡겼던가 곰곰이 생각해 보았다. 나는 맡긴 게 아무것도 없음을 깨닫고 회개했다.

내가 빙판길에 넘어진 것이 계기가 되어 검사를 받게 됐고 지금까지 나도 몰랐던 내 지병을 알게 된 것이 오히려 행운이라고 여겨진다. 나는 이제부터라도 내 몸을 치료받고 조금만 문제가 생기면 곧바로 병원에 가서 상담을 받을 것이라고 자신에게 약속한다. 그래서 조금 더 나를 사랑하고 몸을 아끼며 살리라.

낚시

남편에게서 전화가 왔다. 늦을 테니 먼저 저녁밥을 먹으라 했다. 마음속으로는 쾌재를 부르면서도 심심하다고 투덜댔다. 남편은 토실(토끼)이와 춘향이(강아지)랑 재미있게 놀면 되지 뭐가 심심하냐며 운전 중이라는 말과 함께 먼저 전화를 끊었다. 큰아들은 학교에 작은아들은 학원에 있으니 이제 컴퓨터는 내 차지다. 참으로 신 나는 일이다. 남편이 집에 있으면 게임을 하느라 컴퓨터 앞에서 일어설 줄을 모른다. 우리 가족은 컴퓨터 1대를 각자 시간을 정해 놓고 사용하지만 언제나 시간을 초과하는 남편 때문에 아이들과 나는 달갑지가 않다.

아들이 집에 돌아오기 전까지, 또 아이들이 잠들면 늦은 시간까지 컴퓨터 앞에 앉아 이곳저곳 살피며 내가 좋아하는 글을 쓸 수 있다고 생각하니 여간 재미있고 신이 났다.

바다낚시보다 강낚시를 즐기는 남편이 삼경이 다가오는데 돌아오지 않아 전화를 했더니 다급한 소리로 잉어를 잡는 중이라며 전화를 먼저 끊었다. 잉어란 녀석하고 한판 씨름 중인가 보았다. 잉어는 낚싯바늘에서 최선을 다해 탈출하려 안간힘을 쓰고 있을 것이고, 남편은 놓치지 않으려고 호흡을 조절하며 초읽기를 하고 있을 것이다. 녀석은 긴 수염을 위엄 있게 늘어뜨리고 그곳에서 왕처럼 조심스럽게 돌아다닐 일이지 어쩌다가 작은 낚싯바늘에 걸렸단 말인가!

몇 년 전 가을, 남편의 바다낚시를 따라갔다. 남편이 끼워준 지렁이 밥을 바다에 던지기가 무섭게 낚싯줄에 줄줄이 매달려 따라 나온 망둥어를 잡느라 시간 가는 줄 모르고 낚시를 즐긴 기억이 있다.

나는 그 손맛을 지금도 잊을 수가 없다. 생각해보니 그 녀석들은 참 멍청하기 짝이 없다. 어떻게 낚싯바늘에 두세 마리가 한 번에 물려 줄줄 나올 수가 있는지, 지금도 생각하면 할수록 망둥어는 참 바보들이라는 생각에 혼자 웃곤한다.

컴퓨터 앞에 앉아 있다. 얼마의 시간이 지난 뒤 남편에게 다시 전화를 했더니 조금 전과는 달리 목소리에 힘이 하나도 없다. “잉어는?”하고 물으니 아직 어린 왕자여서 아주 멀리 저 멀리 달아나라며 놓아 주었단다.

“잘했어 아주 잘했어. 그 녀석 다시는 물가에 나타나지 않겠네. 아주 혼쭐났겠어!”

자리 정리하고 집으로 들어오겠다는 남편의 말만 믿고 늦은 시간 잠을 잤다. 집에 도착한 남편은 잠든 나를 흔들어 깨웠다. 월척을 보라는 것이었다. 잠에 취해 아침에 보겠다는 대답에도 아랑곳하지 않았다. 남편의 흥분된 목소리가 강제로 나를 일으켰다.

눈을 비비며 남편의 손에 끌려 뒤 베란다로 따라갔다.

"엉, 이게 뭣이여!" 다시 한 번 눈을 비비며 들여다보았다. 너무나 멋지고 매끈한 붕어 한 마리가 달라진 환경에 정신이 하나도 없는지 커다란 고무 통 속에서 뱅뱅 휘돌고 있었다.

그동안 보아온 붕어 중에서 제일 멋지고 큰 녀석이었다. 임금 같은 모습이 아마도 강물 속에서도 많은 물고기들의 선망의 대상이었을 게 분명했다. 10년이 넘도록 낚시를 하였건만 이렇게 멋진 놈은 이번이 처음이라며 아직도 흥분한 남편은 걸음을 걷는 건지 뛰어다니는 건지 정신이 하나도 없었다.

"거봐, 착한 일을 하니 좋은 일이 생기지?"

저녁에 살려준 어린 잉어는 진짜 왕자였던가 보다. 왕자는 그 사이 용궁에 가서 임금인 아버지에게 말하여 이렇게 한 자도 넘는 참붕어를 보내준 게 분명하다며 나도 흥분을 주체할 수 없어 함께 맞장구를 쳐주었다.

주일이라서 늦잠을 자고 아침 8시쯤 일어났다. 나는 멋진 녀석을 다시 한 번 만나고 싶어 베란다에 나가 보았다. 몇 시간 전에 보았던 최고 멋쟁이 붕어의 모습은 온데간데없었다. 아니, 이럴 수가. 그처럼 빛나고 화려하던 붕어의 의상은 온데간데없고, 아가미는 찢기고 비늘은 벗겨지고, 온통 상처투성이가 되어버렸다. 망가진 물고기의 얼굴을 보니 어젯밤 한눈에 반해버렸던 멋쟁이 붕어라고는 도저히 믿기지가 않았다. 타일 바닥에 삶을 포기한 물고기 한 마리가 쓰러져 있을 뿐이다.

녀석은 우리가 잠든 사이 탈출하기 위해 얼마나 몸부림쳤을까, 자기가 놀던 그곳으로 가고 파서. 물기 하나 없는 맨바닥에서 가족과 고향을 그리며 얼마나 뒹굴며 울부짖었던지, 지치고 목이 말라 찢어진 아가미만 가끔씩 팔딱거리는 모습이 안타까워 난 그만 울고 말았다.

동행

"가슴을 데인 것처럼 눈물에 패인 것처럼 지워지지 않는 상처들이 괴롭다."

TV드라마의 주제곡을 들으니 잊으려 하는 아니 가슴 깊은 곳에 묻어두려 하는 또 하나의 아픔이 더욱 아리다.

"엄마, 아직은 상당히 추워요. 이제 그만 들어가시게요."

어머니는 자동차에서 내리자 서쪽바다 수평선에서 눈을 떼지 못하고 눈물을 흘리고 계신다. 죽을 것 같은 고통이 다가올지라도 시간이 지나면 잊힌다고 하지만 지난해 미수(米壽)를 맞은 어머니는 시간이 지나도 변함없이 슬픔에 잠겨 있는 것 같다. 곁에서 지켜보는 내 마음이 언제나 아슬아슬하다.

작년 가을 단풍이 곱게 물들어가는 새벽 교통사고로 작별인사 한마디 못하고 스물여섯 나이에 어머니와 함께 살던 둘째 조카가 다시는 돌아올 수 없는 멀고 먼 여행길을 홀로 떠나고 말았다.

"OO야! 내가 가야지. 내가 갈 길을 왜 네가 먼저 갔단 말이더냐. 죄 많은 이 할미는 어쩌라고……."

날이면 날마다 통곡하는 어머니를 붙잡고 달래다가 결국은 함께 울고, 때로는 달래려다 화를 내기도 하지만 어머니는 깊은 슬픔 속에 자신을 가둬두고 쉽게 나오려 하지 않는다. 어머니는 젊은 시절에 아버지와 사별하고 아들처럼 믿고 의지하던 32세 되었던 둘째 언니를 가슴에 묻고 살고 계시지만 이렇게 원통하고 원망스럽지는 않았다며 울고만 계신다.

"엄마 그만하세요."

"그래 이제 안 울란다. 지 어미 아비도 있는데 내가 뭐라고 이 죄 많은 할미가 뭐라고."

평소에 혈압이 높아 약을 매일 드셔야 하지만 모든 걸 거부하는 어머니는 가슴이 답답하다며 가슴만 두드린다. 어머니에게 극약이 필요한데 무슨 방법이 없을까 고민하다가 문득 바다가 생각이 났다.

내가 답답하고 하소연할 데가 필요할 때마다 자주 찾아가던 바다가 있었다. 바다에 가면 어머니 가슴이 조금은 시원하실 것 같은 마음에 모든 것이 여의치 않았지만 바다를 향해 서둘러 출발했다.

유난히 추웠던 겨울이 지나가고 꽃 피는 3월이지만 겨울 못지않게 차가운 바람이 살갗을 에는 듯했다. 바닷가 팬션은 비수기지만 바다를 즐기려는 사람들로 대부분 예약이 되어 있었다. 인터넷 예약을 검색했지만 여의치 않았다. 어머니가 좋아하실 만한, 편히 쉴 곳을 고르려고 이곳저곳 직접 돌아다녔다. 커튼만 열면 바다가 훤히 보이는 최상의 온돌

방을 정해놓고 낯선 곳에서 어머니와 함께했다.

어머니의 품속 같은 서해 적벽강 가에서 어머니와 함께 하늘과 바다가 맞닿은 수평선을 바라보며 바다에 던지듯이 어머니를 불렀다. 저 멀리 도망가 있는 썰물만큼이나 흐릿한 어머니의 얼굴에 고요가 흐른다.

"어머니 00를 이젠 그만 놓아주세요."

어머니는 대답 대신 흔들리는 지팡이를 짚은 팔에 더욱 힘을 가했다.

"잊어버리게요. 00를 이젠 다 잊어버리게요."

어머니는 한동안 수평선에 시선을 고정시킨 채 깊은 한숨을 쉬더니 목이 터져라 녀석의 이름만 불렀다.

철썩철썩 부서지는 파도 소리가 아침을 깨웠다. 커튼을 열어보니 코앞에서 부서지는 하얀 파도가 깨끗한 모습으로 인사를 한다. 나는 감탄사가 절로 나왔다. 어느 현상이 이보다 아름다울까! 자리에서 일어나 밀려와 부서지는 파도를 바라보던 어머니도 어제와는 달리 하얀 파도에 찬사를 보내며 연거푸 감탄을 하더니 입을 다문 채 한동안 파도만 바라보았다.

그동안 어머니는 슬픔을 삭이느라 병이 생겼다. 누구와 함께 갈 수 있는 길과 절대 동행할 수 없는 길이 있다는 것을 어머니는 너무 잘 알고 계시지만 얼마나 뼈에 사무치면 그러실지 충분히 이해한다. 나로서는 어머니의 병이 더 깊어지기 전에 그 마음에 얹힌 바윗덩어리를 치워드리고 싶은 마음뿐이다.

어머니가 부디 저 바다에 악몽 같은 지난날의 슬픔을 토해내고 사는 날까지 조금은 편안한 마음이길, 이제 그만 슬퍼하시길 빌어본다.

영자 언니

영자 언니! 이렇게 언니를 부르니 아직도 목이 멘다. 잠을 설치고 새벽에 일어나 컴퓨터 방으로 갔다. 테이블 앞에 놓인 달력을 바라보니 오늘이 바로 8월 8일이다. 1983년 여름 그날도 오늘처럼 더웠다. 천장을 바라보며 언니를 부르고 또 불러봐도 아무런 대답이 없다.

그렇게 언니와 사별한 지 어느덧 30년이 지났으나 아직도 언니는 내 가까이에 있는 느낌이다. 언니와 함께했던 수많은 시간들을 잊고 싶었는데 정말로 까맣게 잊고 싶었는데……. 언니는 언제나 가까이에서 나를 지켜보고 있는 것 같아 또다시 가슴이 터질 것 같은 그리움이 살갗을 에며 뼛속까지 파고든다.

젊은 나이에 시름시름 앓던 언니를 곁에서 열심히 챙겼는데 나의 한계였던가. 아님 나의 판단이 잘못됐던 것인가. 지금도 후회하고 있다. 언니가 하늘나라로 가던 그달에도 내가 언니와 함께 대구에 갔었더라면 언니가 아직도 살아있을 수도 있지 않을까 하는 후회와 미련의 끈이 놓이지 않는다.

병원에서 이미 사형선고가 내려진 언니를 데리고 지금은 고인이 되신 현신애 권사님 기도원에 한 달에 3번씩 찾아갔다. 서울과 대구 전주로 이동하는 기도원 생활을 하며 언니의 살 길을 찾았다. 8개월 동안 언니는 나와 함께 기도원에 있을 때 죽을 고비를 여러 차례 넘겼다. 조금 회복된 것 같아서 마음을 놓았더니 내가 자리를 비운 몇 날을 못 넘기고 아주 먼 곳으로 떠나 버렸다.

어느 날 언니의 목이 심상치 않았다. 갑상선이 아닌가 싶어 그 당시 갑상선에 권위가 있는 황외과를 찾았다. 의사는 검사도 하지 않고 큰 병원에 가보라고만 했다. 서둘러 예수병원을 찾아가 보았지만 의사는 사진 몇 장 찍이보고 조직검사도 하지 않고 좀 더 성밀한 검사를 해야 알 수 있지만 아마도 암(癌)인 것 같다 했다.

나는 너무도 무섭고 기가 막혀 자리를 박차고 일어나 그렇게 함부로 말하는 것이 아니라며 의사에게 고함을 내지르고 밖으로 뛰쳐나와 엉엉 울고 말았다. 암(癌), 암, 경축암이라니……. 또다시 대학병원에 찾아갔으나 그곳에서도 갑상선은 아닌 것 같다며 우선 조직검사부터 하자고 했다. 조직검사하는 날이 언니가 사형선고 받는 날일 줄이야. 목 뼈 7번에서 발생한 경축암(癌)이 자라나 목 뒤에서 가슴까지 번져 손을 써보지도 못하고 수술대 위에서 그대로 열었다 닫고 말았다. 당시 언니 나이 31세. 천사처럼 예쁜 언니는 부속초등학교 1학년 딸과 중앙유치원에 다니는 어린 아들을 두고 길어야 4개월이라는 사형선고를 받았다. 난 도저히 인정할 수가 없었다.

병원에 입원한 지 얼마 되지 않았지만 의사 선생님은 퇴원을 권유했다. 집에 어린아이들이 있다는 말에 아마도 아이들 곁에 잠시라도 함께 있으라는 배려인 것을 미처 생각하지도 못하고 나는 의사와 형부가 얼마나 야속했는지 모른다.

아무것도 모르는 아이들은 엄마가 병을 치료받고 집으로 왔다는 말에 얼마나 좋아했던가. 그런 아이들 때문에 언니는 고통을 참아가며 몰래 몰래 얼마나 울었던가. 더욱 견딜 수가 없는 것은 옆에서 지켜보는 가족들이었다. 언니를 살릴 수만 있다면 악마와도 손을 잡고 싶었지만 나의 그런 소원을 하나님은 허락하지 않았다.

목사님 주선으로 현 권사님 기도원에 합류했다. 매달 1~7일은 전주기도원 집회에, 8~15일은 대구기도원 집회에, 그리고 15~30일은 서울 용산기도원 집회에 따라다니며 나는 무조건 언니를 살려달라고 매달려 기도했다.

8월 7일 대구집회로 언니를 떠나보내고 전주에 있는 오성리 기도원에서 이틀째 금식 기도하던 중 한밤중에 형부 친구들이 나를 찾아왔다. 언니가 돌아왔다기에 난 이미 예감했다. 반듯하게 누워 있는 언니는 나를 보고도 일으켜 달라고 하지도 않은 채 천사 같은 모습으로 편안해 보였다.

언니는 누워 있으면 절대 안 된다고, 숨이 차올라 죽을 수 있다고 울고 울었지만 언니는 아무렇지 않은 모습으로 침묵하고 있었다. 나와 함께 있을 때는 언니는 숨이 차올라 바닥에 등을 대고 편히 누워보지 못하였는데, 반듯하게 누워 있는 모습이 지금도 매우 편안한 모습으로 생생하게 남아 있다.

살아있는 것이 고통이라 하지만 언니 떠난 전주는 나에게는 타향이나 다름없었다. 그러나 조카들이 눈에 밟혀 그 당시 이곳을 차마 떠나지 못했다. 어느 날 갑자기 조카들이 찾아와 낳아준 엄마에 대해 궁금해할까 봐, 엄마의 죽음에 대해 행여 궁금해할까 봐, 옷가게를 옮기지도 못하고 한두 해 머물다 보니 어느새 30년이 훌쩍 지나버렸다.

지금도 후회와 아쉬움만 남는다. 그때 내가 이곳에 남지 않고 언니와 함께 떠났으면 조금 더 생명을 연장할 수 있었을 텐데 엄마와 함께 가고 싶다는 언니의 말을 들었던 것이…….

이글거리는 한여름 열기는 잠시 내린 빗줄기로 식힐 수 있지만 언니를 보고 싶은 마음은 여전히 식을 줄 모른다. 내 생이 다하는 그날 언니를 만나면 잘 살았노라고, 최선을 다해 아주 잘 살다 왔노라고 말할 수 있는 나이기를 다짐해 본다.

한 달에 두 번

이제 일상에서 할 일이 없어져버린 것 같았다. 그럼 몸과 마음이 편해야 하는데 왜 이리 가슴 한구석이 텅 빈 느낌이고, 몸은 더욱 나락으로 빠져드는지 모르겠다.

3년 전 정 교수님에게 간곡히 부탁하니 차마 거절 못하고 1년만 지도해주시겠다 약속을 받고 그동안 놓고 있던 글공부를 다시 시작했다. 그렇게 수강했던 3년이란 시간이 번개처럼 지나갔다.

경기도 용인으로 이사를 하신 교수님께서 고속버스를 갈아타며 전주에 도착, 저녁 강의를 마치고 휘청거리는 걸음으로 막차를 타고 되돌아가는 모습을 바라보며 우리는 항상 죄송한 마음뿐이었다.

나는 한 달에 두 번 강의를 듣지만 날마다 숙제하는 마음과 준비하는 마음으로 살았던 것 같다. 교수님의 강의가 있는 날에는 교수님이 무사히 오실 수 있기를, 건강한 모습 뵙기를 기도했다. 이번 주에는 어떤 메시지를 남기실지 사뭇 긴장하며 함께 수강하는 임들에게 이런저런 연락을 맡아 하는 시간들이 내 생활의 일부를 차지했다.

교수님과 함께 공부했던 소중한 시간들이 앞으로 내가 글을 쓰고 생활하는 데 소금 같은 역할을 할 것이라 생각하지만, 요즘 나는 부쩍 기억력이 둔화되어 걱정이 앞선다.

얼마 전 정신이 번쩍 들게 하는 반가운 소식을 들었다. 작가회에서 준비한 '정양 시인과 함께하는 문학기행' 소식이었다. 용인에 계신 교수님과 동행할 수 있는 기회가 있다니 무척 반가웠다.

우리는 대형버스 두 대에 나눠 타고 교수님 시(詩)가 있는 곳으로 떠났다. 그중에 가장 마음을 아프게 했던 곳은 교수님의 고향 마을에 있는 빈 무덤이었다.

교수님 아버지는 일본 유학 시절 관동대지진의 조선인 학살 속에서 간신히 살아남아 고향에 와서 핍박받는 사람들의 편에서 다양한 사회운동을 했다고 한다. 마지막으로 서대문형무소에 수감된 후 소식이 두절되어 결국 교수님 어머니가 사망신고를 한 뒤 빈 무덤을 만들었고 교수님은 그 위에 초혼비를 세웠다. 그 초혼비에 기록된 다음과 같은 사연이 우리를 더욱 아프게 했다.

1923년 관동대지진 때 6천여 조선인 학살 만행을 몸으로 겪은 鄭乙志士는 학업을 중단하고 귀국, 본명인 判甲을 乙로 개명하고 사회적으로 고통받는 사람들(乙)의 편에서 그 이름으로 남은 생을 사셨습니다. 식민치하에서 민중계몽에 헌신하며 4년 넘게 옥고를 치르기도 했고 해방공간에서는 핍박이 심한 노동자들을 도우며 통일조국의 꿈을 치열하게 가꿨습니다.

식민지 시대와 해방공간과 한국전쟁의 소용돌이 속에서 남편을 기다리던 聖恩華 魯咸安 여사는 지리산 기슭 흙 한 줌과 水晶印章과 수의 한 벌로 假墓를 지으시고 그 옆에 잠드셨습니다. 어느 세월 어느 산천에서 육신은 무심히 삭아가더라도 남편의 넋이라도 여기에 와서 담기는 것이 聖恩華의 뼈에 새겨진 소망입니다. 聖恩華께서 가묘 지으신 그 터에 이 초혼비를 세우오니 하늘과 땅 사이 아무리 넓더라도 모진 세월을 더 모질게 감내한 사랑하던 아내 곁에 오시어 조국이 분단되는 역사의 어둠 속에서 차마 감지 못한 눈 이제라도 편히 감으시고 그토록 아끼시던 조국을 길이길이 살피소서!

초혼비 주변에는 봄날이 한창이었다. 목련, 철쭉, 개복숭아, 진달래, 개나리, 제비꽃, 민들레 등등. 온갖 꽃들이 교수님을 위로하는 것 같았다. 『헛디디며 헛짚으며』 교수님의 시집 발문에서 「살아있는 문명의 그늘」이라는 제목의 발문을 읽으며 나는 지금까지 몰랐던 교수님의 마음을 조금 더 알게 되었다.

"너도 눈을 참 좋아하는 것 같더라. 그런데 너뿐만이 아니라 대부분 사람들이 왜 눈을 좋아하는지 아냐? 눈발이 무조건 좋아서 그럴 수도 있지만 그건 어저께까지 보아온 지긋지긋한 세상이 아니라 흰 눈으로 확 뒤집힌 세상, 산도 지붕도 들판도 평등하게 눈에 덮인 세상, 그런 눈부신 세상을 만나고 싶은 욕망이 은연중에 사람들 몸 바깥으로 튀어나와버린 거란 말이다."

교수님 시집 발문을 쓰신 시인은 이 말씀을 듣고 당시 한동안 말을 못 이었던 기억이 난다고 했다. 당시 교수님의 말씀이 얼마나 충격이었으면 중년의 나이지만 아직도 이렇게 기억하고 있을까?

나는 한 달에 두 번 교수님에게 강의를 들었지만 3년이란 소중한 시간을 교수님과 날마다 함께 있는 느낌으로 살았다. 우리들과 마지막 수업시간에 교수님은 담배를 꺼내 불을 붙여 손가락에 끼우고 쓸쓸한 미소를 지으며 조관우의 「괜찮아요」 라는 노래를 부르셨다.

교수님과 마지막 수업을 마치고 아쉬움만 가득한 수강생들은 한동안 자리를 뜨지 못했다. 우리는 그동안 참 많이 행복했다. 교수님처럼 나도 마음속 연필을 오래오래 깎을 수 있도록 기도한다.

형부

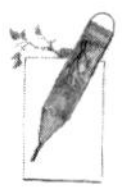

등을 모로 세운 채 팬티도 입지 않은 아랫도리를 감추려고 야윈 손으로 고무줄 바지 허리춤을 잡고 놓지 않으신다. 나는 형부를 향해 쭈굴이 엉덩이뿐만 아니라 거시기까지 이미 다 보았으니 이제 바지를 조금만 내려 보라 했다. 형부는 녹음한 테이프마냥 알았어, 나중에 나중에만 반복하셨다.

뼈와 거죽만 남아 있는 큰형부는 중년의 처제에게 끝까지 남자의 자존심을 놓지 않으려 한다. 형부는 설사로 인해서 병원에 입원했지만 설사가 좀체 그치지 않았다. 할 수 없이 큰 병원으로 가라는 소견서와 큰언니가 형부와 함께 전주 O병원으로 온다는 연락을 받고 나는 서둘러 갔다.

내과 병동 앞에서 형부는 파김치가 되어 진료를 기다리고 있었다. 나는 서둘러 입원수속을 마치고 병실로 들어왔지만 형부는 설사가 멈추지 않아 검사를 못하고 있을 뿐만 아니라 항문이 오랜 설사로 심하게 헐어 검사가 어렵다고 했다. 조카에게 병간호를 맡겨놓았지만 매일 아침이면 회진하는 주치 의사를 꼭 만나야 하기에 나는 날마다 이른 시간에 서둘러 병원으로 갔다.

오늘은 피부과 의사의 처방대로 항문에 연고를 발라야 하는데 형부는 엉덩이를 내어주지 않고 고집이다. 다음날에도 연고 바르기는 실패했다. 극기야 형부는 담당의사에게 야단맞고 3일째 되던 아침 울음 섞인 목소리로 엉덩이를 내놓았다.

나는 간호하는 조카에게 시범을 보이며 약을 자주 발라 주라고 했다. 형부는 평소와는 달리 내가 집에 간다는데도 눈 감은 채 인사를 받았다. 형부에게 다가가서 “사실은 거시기는 아직 보지 못했어요. 보고 싶지도 않고요.” 라고 조심스레 말했다.

올해 78세인 형부는 14세 때부터 장터를 돌아다니며 봇짐장사를 시작했다 한다. 당시 빈촌에서 논마지기도 없으면 남의 집 막노동이나 머슴으로 살아갔을 법도 하지만 형부는 어린 나이에 봇짐을 메고 장사를 시작할 정도로 영특했다고 한다. 형부는 가난한 시골집 장남으로 태어나 동생들만 줄줄이 있는 편모슬하에서 가장 노릇을 한 셈이었다.

비가 오나 눈이 오나 무거운 곡물을 등에 지고 시작한 봇짐장사는 사업이 번창하여 40대에는 큰 부자가 되었다. 5일장을 돌며 곡식을 팔아 쌓아놓는 대형 창고가 서너 군데나 되었고 그 주변이 전부 형부네 점포였다.

미곡(米穀)이 날마다 트럭으로 몇 차례씩 움직일 때마다 셀 수 없는 거액이 오고갔다. 나는 토요일이나 방학 때면 으레 언니네 집에 가서 쌀부

대에 찍어진(10원, 50원, 100원) 지폐만 가득 모아놓은 돈 자루를 꺼내 지폐를 붙이거나 잔심부름을 했다. 당시 은행 거래가 편리하지 않을 때여서 나는 고창에서 부안까지 돈 심부름을 부탁받기도 했다. 형부는 이백만 원을 신문에 몇 겹을 싸며 돈 냄새가 나면 안 된다고 또 담요에 말아서 보자기에 묶어 주며 부안에 다녀오라고 했다.

지폐 이백만 원이 커다란 보따리가 되어 나는 마치 옷 보따리 들고 집 나가는 소녀 같았다. 내가 중학교 2학년 여름방학 때니 보따리를 감출 외투도 없고 모두가 나만 바라보는 것 같아서 다시 돌아와 신문에만 말아달라고 했다가 얼마나 혼이 났는지 눈물이 핑 돌 정도였다. 아무리 나이가 어려도 처제는 처제인데 너무한다 싶어 야속하기만 했던 시절이 떠오른다.

상처가 아물면서 설사도 멈추고 검사 결과 대장암 초기 수술도 잘되어 퇴원만 손꼽아 기다리는 형부의 얼굴빛이 환해서 무슨 좋은 일 있느냐고 물었다. 형부는 자리에서 일어나며 병원비를 벌었다는 것이었다. 봉이 김선달은 대동강물을 팔아먹었다지만 형부는 아직 녹슬지 않은 장사꾼인가 보다. 병원에 누워서 전화 한 통으로 오백만 원 이익금을 남기며 장사를 했다고 한다. 사람이 태어나서 한 가지 일에 온몸을 불태운다는 것은 열정이고 끈기이다.

형부는 젊은 사람도 힘들다며 주저앉는 미곡(米穀) 일을 지금까지 천직으로 알고 단 하루도 쉬지 않고 앞만 보고 달려왔다. 지금은 대장암 초기 진단을 받고 간단하게 암(癌) 덩어리를 제거했지만 그래도 이제는 긴장해야 하는 처지인데 병원에 누워서도 자나 깨나 가게 걱정이다.

큰언니에게 가게를 맡겼지만 안심이 되지 않나 보다. 병원에 누워 있지만 시시때때로 전화로 확인하며 눈앞에서 가게의 돌아가는 현실을 보아야 했다. 죽을 때는 한 푼도 들고 갈 수 없을 터인데 이제 그만 집착하라는 내 말에 형부는 눈을 동그랗게 떴다.

"무슨 소리, 내가 없으면 아무것도 안 돼." 자리에서 벌떡 일어나는 형부가 이제라도 자신을 위해 살았으면 좋겠다. 이제 그만 내려놓으면 형부의 몸과 마음이 조금은 편할 텐데…….

입영통지서

집에 들어서자 분위기가 냉랭했다. 그리고 눈에 띄는 곳에 등기우편물이 뜯겨져 있었다. 어디에서 온 것이냐고 물어도 남편과 큰아들은 침묵했다. 예감이 이상해 나는 핸드백만 던져놓고 봉투를 확인했다.

병무청에서 온 것이었다. 드디어 올 것이 왔구나 하면서도 순간 둔기로 얻어맞은 것처럼 머릿속은 멍해졌다. 가슴은 커다란 바위에 눌린 것처럼 아팠지만 아프다는 말도 못하고 멍하니 바라만 보고 있었다.

작년 이맘때였다. 아들이 병무청에 신체검사를 받으러 갈 때 아들도 나도 현역으로 떨어지리라는 생각을 못했다. 큰아들은 어렸을 때 교통사고 Chart가 남아 있으니 진단서를 제출하면 현역은 가지 않으리라는 굳은 마음이었다.

나는 대학병원에 가서 15년 전 아들의 교통사고 진단서를 받아 병무청에 제출하라며 아들에게 건넸다. 머리와 가슴, 복부까지 진단서를 무려 5장이나 제출했지만 현역으로 판정이 났다.

편지 내용은 볼 것도 없이 우리 큰아들의 입대명령서일 것이다. 이제는 정말 올 것이 오고야 만 것이다. 이대로 시간을 멈추게 할 수는 없을까? 우리 아들을 아무도 찾을 수 없는 곳에 숨겨놓을까? 남편과 큰아들 또한 아무 말 없이 바라보던 시선을 돌렸다. 우리 가족 모두 다 벙어리가 되어버렸다. 애써 태연한 척하며 나는 안방으로 들어갔다.

지난 학기였다. 교양과목인 세계사 교수님은 강의를 하다가 유학 시절 이야기를 했다. 그 당시 한국 유학생 30여 명과 대화 중에 본인은 육군병장으로 제대한 것을 자랑스럽게 이야기했지만 유학생들은 오히려 이상한 눈초리로 바라보더라는 것이다. 나중에 알았던 일이지만 자기 외에는 아무도 현역을 마친 사람이 없었단다. 교수님은 그 시절 이야기를 하면서 쓸쓸함을 감추려 애썼다. 그 모습을 교수님보다 나이 많은 학생인 나는 놓치지 않고 읽었던 기억이 떠오른다.

저녁을 준비하느라 몸은 주방에 있지만 자꾸만 등기우편이 신경 쓰여 아무것도 할 수가 없었다. 물 묻은 손을 대충 닦고 허겁지겁 등기우편물을 열어보았다. 2008년 8월 19일 14시까지 경기도 의정부……. 더 이상 보이지 않아 주방의 수돗물을 켜놓고 나는 빈 설거지통을 한참이나 닦았다. 마침 수요일 밤 예배 시간이 되어 교회로 가서 울며 기도하는 중에 나는 성경말씀으로 위로를 받았다. “아버지의 뜻이어든 이 잔을 내게서 옮기소서!” 누가복음 22장 42절 말씀으로 조금은 편안함을 얻을 수가 있었다.

아들도 나도 서로 말은 하지 않았지만 밤이면 뒤척이며 잠 못 이루는 날들이 지나고 아들은 교회 청년대학부 수련회 일정을 따라 떠났다. 정말 다행이라 여기며 아들이 마음을 정리하고 오기를 간절히 기도드렸다. 3일 만에 돌아온 아들의 움푹 파인 볼을 바라보니 눈물이 쏟아질 것 같았다.

"많이 힘이 들었구나!"

아들은 지친 몸을 내려놓으며 이제는 괜찮다고 오히려 나를 위로했다. 이번 수련회가 마음 정리할 수 있는 귀한 시간이었다고 말하는 아들의 목소리가 한결 밝았다.

아들은 그동안 몸과 마음고생이 심하였던지 고열과 감기몸살로 입안이 헐어 음식을 제대로 삼키지 못하고 앓아누웠다. 얼마 동안 병원에 입원하여 몸을 쉬어야 한다는 말도 귓등으로 흘리고 군에 입대하기 전 교회 일을 마무리해야 한다며 아들은 자리를 털고 일어났다. 올해는 지리산에서 갖는 2박 3일 유초등부 여름성경캠프 전북전도협회에 가야 한다며 하루 동안 먹을 약만 챙겨 떠나는 아들을 나는 그냥 지켜볼 수밖에 없었다.

그곳에서도 아들은 얼마나 열심히 했던지 그곳에서 함께한 교사들이 이구동성으로 아들을 칭찬했다. 아들은 틀림없이 군대에서도 맡은 바 책임을 다하여 칭찬과 존경을 받으며 잘해내리라 나는 믿는다.

우리가 믿고 의지하는 하나님께 먼저 감사드리며 최공훈 목사님과 곁에서 챙겨주신 청년대학부 유광석 목사님, 유초등부 김연근 목사님, 청년부 임원들과 선후배들에게 나는 고마운 마음을 전하고 싶다.

우지 마고 이거 먹어

강 집사의 점심이나 같이 먹자는 전화를 받고 나갔다가 그를 따라 요양병원까지 가게 되었다. 강 집사 아버지는 3년 전 근무하던 회사에서 사고로 뇌수술을 받았다.

조금도 좋아지지도 좋아진다는 희망의 말도 들을 수가 없이 누워만 계시는 아버지 때문에 강 집사는 늘 걱정이다. 강 집사 아버지는 예수병원과 요양병원을 번갈아 다니며 투병 중이지만 주치의 말에 의하면 강 집사의 아버지는 시간이 흐를수록 기억력을 하나씩 잃어갈 뿐이란다.

요양병원 문을 열고 들어서니 병원 분위기가 사뭇 달랐다. 먼 곳에서 무슨 노랫소리가 들려왔다. 긴 복도를 지나 코너를 돌아서니 노랫소리가 점점 크게 들렸다. 문화센터에서 들려오는 소리였다. 나는 발길을 멈추고 문틈으로 바라보았다. 무대 앞에는 오르간과 기타에 맞추어 환자와 간병인들이 함께 흥겹게 노래를 부르고 있었다.

이곳 요양병원은 정신질환자와 알코올중독 환자들이 대부분이지만 강 집사 아버지는 노인요양병동에 계셨다. 문을 열고 들어서니 문화센터처럼 요란하지는 않지만 간호사들과 간병인들이 노인들과 박수치고 노래 부르며 흥이 무르익어 있었다.

강 집사 아버지도 혹여 넘어질까 봐 휠체어에 묶인 채 나와 계셨다. 우리는 휠체어를 밀고 전망이 좋은 면회실로 나와 따스한 봄날의 햇볕을 맞았다. 나는 환자와 강 집사를 위해 기도를 했고 서로 안부를 나누었다. 환자는 말을 못하지만 밝은 표정과 눈빛으로 우리들이 주고받는 말을 들으며 즐거워하였다.

강 집사 아버지는 얼마 전 객혈을 하여 예수병원에 입원 응급 치료 후 요양병원으로 다시 옮겨왔으나 이제는 씹는 기능에서 소화 기능까지 저하된 중환자가 되었단다. 지금은 식도까지 호스를 넣어놓고 주사기를 이용하여 약간의 미음을 넣어 생명만 연장하고 있는 상태다. 사위어가는 촛불처럼 점점 쇠약해지는 환자의 모습을 보면서 안타까운 마음뿐이었다.

우리들은 1층으로 휠체어를 밀고 나왔다. 문화센터의 노랫소리는 아직도 흥겨웠다. 그 앞을 지나치려다 구경하실 거냐고 내가 물었더니 말은 못하여도 상기된 표정과 눈빛이 간절해 보였다.

문화센터 문을 밀었다. 문이 열리지 않았다. 문이 안으로 잠겨 있는 것을 이해할 수 없었지만 정신병이나 알코올중독 환자들의 오락시간이기 때문이라는 사실을 안에 들어가서야 알았다.

무대에서 기타 치며 노래 부르는 가수 못지않게 노래를 따라 부르는 사람들, 무대 앞에서 노래에 맞추어 어느 댄서보다 멋지게 춤을 추는 사람들, 용기가 없어 보이는 사람은 앉은 자리에서 엉덩이를 들썩이고 팔을 휘저으며 신명난 한판을 즐기고 있었다. 나는 사람들의 활기찬 노래를 들으면 환자의 기분이 조금은 전환될 것 같아서 들어오긴 했지만 환자들의 상기된 표정이 좀 맘에 걸렸다.

우리가 휠체어를 돌려 나가려는데 이번에는 강 집사 아버지가 몸짓으로 거부하여 그대로 서 있었다. 노래가 「소양강 처녀」로 이어지는데 환자가 갑자기 울음을 터뜨렸다. 그동안 하고 싶은 말도 못하고 표현하지 못한 것들을 흥겨운 춤판에서 눈물로 쏟아내는 것 같았다. 강 집사 아버지는 한참을 그렇게 눈물을 쏟아냈고 강 집사도 따라 울었다.

"우지 마고 이거 먹어."

40대 중반쯤 되어 보이는 여인이 다가와 어린아이 같은 표정으로 사탕 한 개를 선네 주었다. 나는 뭘 훔치려다 들킨 사람처럼 당황하고 있는데 「소양강 처녀」 노래는 끝이 났다. 노래가 끝나도 환자들은 계속해서 손뼉을 치며 춤을 추었고 나는 엉겁결에 받아든 사탕을 우두커니 바라보면서 '우지 마고 이거 먹어. 우지 마고 이거 먹어.' 하던 짧은 말을 몇 차례나 곱씹어보았다.

문병하러 왔다가 오히려 따뜻하고 순결한 위로를 받은 것 같았다. 울고 싶을 때, 맘껏 우는 것도 사탕을 먹는 것보다 웃는 것보다 더 좋은 일이 아닐까 싶은 생각을 했다. 가까스로 울기를 그친 강 집사 부자(夫子)를 나는 한참이나 물끄러미 바라보았다.

명심이

고3 수험생 어머니로 사느라 올해도 단풍 구경은 감히 생각지도 못했다. 아이의 수능시험이 끝났지만 나는 몸살감기를 심하게 앓고 있었다. 서울 사는 명심이가 휴일을 잡아 고향집에 내려오면서 나를 보고 싶어 했지만 전화 속 내 목소리가 심상치 않게 여겨졌던지 아쉬운 마음으로 다음에 보자며 전화를 끊었다.

여느 친구라면 다음으로 미루어도 될 텐데 통화를 마친 후에도 마음이 영 개운치가 않았다. 서울에 사는 명심이는 어쩌다 한 번씩 시골에 내려올 때마다 모험과 위험을 감수하며 출발을 할 것이다. 망막색소변성증(Reinvites Pigments)이라는 희귀병을 앓고 있는 명심이는 3년 전 시력장애 1급 진단을 받았다.

유전병으로 알고 있는 이 병은 아직은 치료 방법이 없다는 것이 안타까웠다. 명심이는 힘들고 서글퍼질 때마다 수없이 많은 죽음의 문턱을 넘나들었다는데 죽는 것이 그리 쉽지 않다고 말했다. 이제는 자연스럽게 죽는 것이 사는 것보다 더욱 힘든 일이라며 모든 것을 자기 탓으로 돌리고 운명으로 받아들인다고 말했다.

고향에는 친정 부모님이 살아계시기에 눈이 조금이라도 보일 때 한 번이라도 더 부모님의 모습을 보고 싶다고 입버릇처럼 하더니 아마도 큰마음 먹고 왔으리라. 생각이 거기에 미치니 마음 편히 누워 있을 수 없었다. 나는 목감기 때문에 말이 제대로 나오지 않았지만 명심이를 생각하니 내가 앓고 있는 감기는 사치스럽다는 생각이 들었다. 자리를 털고 일어나 명심이가 있는 정읍 소성으로 달려갔다.

예상치 않은 나의 등장을 반갑게 맞이하는 명심이의 환한 얼굴을 바라보며 나는 아주 잘 왔다고 생각했다. 명심이를 차에 태워 내장산으로 출발했다. 늦은 가을이라서 난풍은 별로 기대하지 않았지만 내장산 입구에 아직 남아 있는 단풍들이 우리를 반겼다. 가을비가 인색하여 올가을 단풍잎은 곱지 않다고 했지만, 내장산 단풍은 모든 역경을 이겨내고 역시 최고를 자랑했다.

아직도 양쪽 진입로의 단풍나무는 고운 옷을 벗지 않고 있었다. 그 사이사이 벚꽃나무도 곱게 물들어 바람에 흩날렸다. 가을 단풍 절정은 이미 지났지만 거리에는 수많은 인파가 북적거렸다. 크고 작은 자동차들이 주차장과 길가에 즐비해서 오전에는 많이 혼잡했을 것 같았다.

풀어진 라면 가닥같이 구불거리는 길을 좇아 백양사 가는 길로 접어들었다. 알록달록한 단풍들은 오후의 햇빛에 반사되어 더욱 곱게 빛나고 있었다. 차창 밖으로 비껴가는 단풍을 바라보며 탄성이 나왔다. 결국 산중턱에 자동차를 세우고 커피를 마시며 가을 정취에 흠씬 빠져보았다. 바람이 시린 듯 손을 오므려 파르르 떨고 있는 작은 단풍잎이 애잔해 보였다. 바람이 휘돌고 간 자리에는 우수수 떨어진 낙엽들이 그대로 뒹굴고 있었다.

가을 산이기에 이처럼 아름다운 것을 느낄 수가 있지 싶었다. 이제는 저마다 최고의 아름다움을 남긴 채 하나둘 떠날 준비를 마친 크고 작은 나뭇잎을 바라보며 그래 올 한 해도 수고했다 잘 가라며 손사래쳤다. 명심이는 산을 바라보는 시선을 고정시킨 채 눈앞에 보이는 산이 온통 회색이라고 했다. 아직 고운 단풍잎이 많이 남아 있다고 하려던 내 눈에 눈물이 고였다. 그 눈물 때문에 아직 곱게 남아 있는 단풍든 산들이 내 눈에도 정말 회색빛으로 보였다.

나는 명심이 손에 단풍잎 하나를 쥐어주었다. 명심이는 예쁜 색깔이냐고 물었고 나는 네 손에서 불이 날 것처럼 붉은색이 곱다고 말했다. 아직은 희미하게나마 이렇게 볼 수 있지만 내년 가을은 이마저도 볼 수 있을지 기약할 수 없다는 명심이를 바라보았다. 누구나 한 치 앞도 모르는 세상에 살아가고 있으니 오늘 이렇게라도 볼 수 있는 것을 감사하자며 명심이를 다독였다.

명심이는 휴대전화기를 꺼내 카메라에 내장산의 추억을 담아 달라고 했다. 단풍나무 아래에서 가을 풍경을 담는 친구를 도와주며 뭣 하러 그렇게 많이 카메라에 담느냐고 했더니, 같은 처지의 친구들에게 아름다운 내장산 단풍을 말하며 느끼게 해주고 싶다는 것이다. 명심이는 작년부터 맹인학교에 입학하여 새로운 삶을 배우며 그 길을 개척하는 중이라고 했다. 명심이는 점자 공부부터 시작하여 또 다른 새로운 삶의 홀로서기를 아주 잘할 것이다.

서른다섯 짧은 삶

은숙아! 주일 낮 예배 시간 묵상기도를 하려는데 너의 얼굴이 눈앞에서 어른거리는구나. 그래 너는 그동안 착하게 살았으니 좋은 곳에서 편히 쉬라고 내가 믿는 예수님에게 부탁하며 기도했단다.

2005. 10. 13. 이른 아침, 많은 사람들은 깊은 잠에 빠진 시간이건만 고요를 깨고 날아온 너의 비보가 도저히 믿기지 않더구나. 어제 저녁 줄포에서 흥덕 가는 커브 길에서 교통사고. '승용차에 탑승한 4명 모두 그 자리에서 사망!' 마주 오던 택시의 중앙선 침범으로 너는 그렇게 아프다고 소리 한 번 질러보지도 못하고 온몸이 만신창이가 되어 이 세상을 떠나갔다니…….

은숙아, 아직은 어려 너의 손길이 꼭 필요한 아이들을 두고 어떻게 눈을 감았니? 몇 년 전부터 너와 부쩍 가까워졌고 너는 꼭 나를 형님이라 부르며 무척이나 따랐는데. 내 앞에서는 마음속에 두었던 아픈 너의 속 마음을 털어놓고 자리에서 일어설 때는 충전된 배터리처럼 힘 있게 일어서던 너였다.

언제나 긍정적으로 생각하는 너에게 나는 항상 박수를 보냈고, 결혼생활이 순탄하지 않았으나 네가 있는 자리는 항상 웃음이 담을 넘었다고 아무런 사심 없이 주절대던 너였다.

남편의 잦은 외도와 폭언 폭행까지도 참고 견디며 엄마라는 자리를 놓지 않으려고 무던히도 애쓰던 너였음을 누구보다도 내가 잘 알고 있다. 너의 삶이 몹시 힘들고 바쁜 시골생활이지만 힘들다고 투정 한 번 부리지 않던 너였다. 세 번째 아이를 임신하였으나 남편의 구타에 임신한 아이가 잘못되어 힘든 수술을 하고도 남아 있는 아이들 곁을 그렇게도 지키려 최선을 다하지 않았니? 또 몇 년 전에는 남편에게 두들겨 맞아 늑골 3개가 부러지는 무서움 앞에서도 아이들 엄마의 자리를 고집하며 지켜냈던 너였기에 내 마음이 더욱더 아프다.

너는 일찍이 엄마와 사별하여 엄마의 정을 모르고 새엄마의 그늘에서 자랐다며 누구보다도 엄마로서 남매의 곁을 끝까지 지키겠다고 다짐하였지. 그런 네가 너무도 예뻐 언제나 토닥여 주었는데 이제 너를 이 세상에서 다시는 만날 수 없구나. 가끔 전화하여 안부를 물어오던 너의 정이 아직도 따스하게 내 마음속에 남아 있는데…….

마음이 울적할 때면 읍내 서점에 들러 책 한 권 사들고 나서는 발걸음이 한없이 행복했다며 책을 읽는 시간이 너무 좋다고 하였던 네가 생각이 나서 너를 만나면 주려고 몇 권의 책을 준비해 놓았는데 너는 끝내 나타나지 않았다. 젊은 나이답지 않게 예쁘게 화장하는 것도 좋은 옷 입는 것도 모두 부질없어 하며 지혜롭게 살던 너였기에 내 마음이 더욱 아프구나.

은숙아, 기억하니? 나는 잊을 수 없는 너의 정이 아직도 이렇게 남아 있다. 작년 겨울 내가 교통사고로 병원에 입원 중이라는 걸 알고는 동생들과 혼자 사시는 친정아버지에게 김장김치를 주려고 가지고 온 것을 우리 집에 놓고 간 너의 마음을 난 잊을 수가 없다. 그때 마음속으로 얼마나 고마웠는지, 살면서 너에게 천천히 갚으려고 하였단다. 그런데 한마디 말도 못하고 이렇게 떠나버렸단 말이냐?

너의 장례식장에 가보니 영전에는 젊고 예쁜 너의 사진과 향기 진한 국화꽃이 가득하지만 너를 보내는 슬픔이 가득하지는 않더구나. 여기저기서 수군거리는 사람들은 모두가 보상금이 얼마인가 보험은 얼마가 나온다는 둥 모두 돈에 혈안이 되어 있는 느낌이었단다.

나는 마음이 너무 아파 너의 장례식장에 오래 있지 못하고 나왔다. 그리고 너와 동승하여 함께 같은 길을 가버린 한 영혼 또한 내 친구의 동생이기에 그곳 장례식장에도 가보았다. 그곳 식구들은 모두가 동생을 잃고 다시 만날 수 없기에 더욱 슬퍼하며 막둥이 동생에게 못해준 사랑만 안타까워하더구나. 사고 당시 운전을 한 너에게 원망을 하거나 미워하지도 않더구나. 오히려 착하게 살다가 불쌍하게 갔다고 너를 가여워하더구나.

같은 공간에서 변을 당했지만 사랑이 있는 장례식장과 돈만 보이는 장례식장에서 전혀 다른 사람들의 생각과 마음을 느끼며 나도 모르게 허공에 조소와 아픔을 함께 날려 보냈다. 은숙아, 잘 가거라! 이승의 모든 것 다 잊고 하늘나라에서는 영원한 행복을 누리어라.

비가 내리는 날이면

메마른 땅에 단비가 내리면 초목들은 양팔을 벌리고 함박웃음을 지으며 너울너울 춤을 추워댄다. 하지만 내게는 비가 내릴수록 목이 말라 갈증에 허덕이며 깊이 감춰 두었던 그리움이 스멀스멀 올라온다. 비와 바다를 무척이나 좋아하는 나는 답답할 때는 바다를 생각하거나 바다를 향해 떠나곤 한다.

가랑비가 내리거나 소낙비가 내려도 비와 함께 생각나는 잊지 못할 특별한 친구가 있다. 당시 대천이 고향이며 의상디자이너 공부 중이던 최희숙이다. 잊히지 않는 희숙이의 얼굴을 오늘은 비 내리는 유리창에 그려본다. 단발머리에 동그란 얼굴, 쌍꺼풀이 예쁜 맑은 눈, 큰 키에 날씬한 몸매 생각해보니 참 예뻤던 것 같다.

희숙이를 처음 만났던 곳은 1982년 12월 현신애 권사님이 이동하며 하나님의 이적과 기적을 나타내시던 기도원이었다. 내 나이 스물다섯이던 추운 겨울, 친구들은 결혼 정년이라 여기저기서 결혼하거나 애인들과 데이트를 즐기는 시절이었다. 그런데 나에게는 친구들이 누리는 그 모든 것이 그저 사치이고 먼 나라 이야기일 뿐이었다.

나는 그 시절 순간순간을 마음 조이는 시간이었다. 그렇게도 건강하던 둘째 언니가 어느 날부터 원인도 모르게 시름시름 아파 병원에 갔었다. 대학병원에서 수술을 시도하였으나 수술을 못하고 그냥 닫아버렸다. 언니는 천 명 중에 한 명 발생한다는 7번 경축암(癌)이란 사형선고를 받았다.

병원에서는 얼마 남지 않은 시간이나마 집에서 편히 쉬게 하라고 했다. 하지만 숨이 차올라 허리를 펴고 눕지도 못하고 밤낮으로 벽에 기대고 앉아 고통 속에서 매일 죽음으로 달려가는 언니를 두고 볼 수가 없었다. 나는 피난처를 찾듯이 언니를 아무도 데려가지 못하는 곳으로 숨겨두고 싶었다.

언니가 이 세상에 없다는 것은 정말로 죽을 만큼 싫었고 그렇게 보내기에는 너무나 고운 서른한 살의 젊음이었다. 어디 그뿐인가. 참으로 예쁘고 잘생긴 조카 남매의 초롱초롱한 눈망울이 나를 더욱 견딜 수 없게 했다.

언니를 살릴 수 있다면 실오라기 같은 희망이라도 붙잡고 싶었다. 아니, 언니의 생명을 조금이라도 연장할 수 있다면 무엇이든지 하고 싶었다. 목사님이 주선한 현신애 권사님 기도원으로 언니와 함께 집을 나섰다. 중환자인 언니는 기도원에서 주는 밥은 한 톨도 먹을 수가 없었다. 매끼 죽을 물처럼 만들어 먹여야만 했다.

기도원 구석진 곳에는 연탄 아궁이가 2개 있지만 불을 사용하려면 오랜 시간 기다려야만 했다. 불을 사용하는 규칙이 '중환자' 만 사용하도록 되어 있으나 규정은 그곳에서도 제대로 지켜지지는 않았다. 힘 좋고 할 일 없는 사람이 밥값을 아끼려고 밥을 짓지만 아무도 왜 그러느냐고 말하는 사람은 없었다. 기도원이니 믿음으로 알아서 하길 바랄 뿐이다. 더구나 나 같은 신참은 먼저 온 이들에게 밀려나기 일쑤였다.

기도원에는 기독교 신자이든 아니든 입소문을 듣고 전국에서 몰려온 죽음 직전의 환자들과 보호자들로 언제나 북적거렸다. 마치 예수님이 보리떡 다섯 개와 물고기 두 마리로 오천 명을 먹이고도 남은 사실을 현장에 보려는 듯이…….

어느 날 새벽, 냄비를 놓고 줄을 서서 기다리다 아파하는 언니가 걱정되어 죽 끓일 냄비를 줄줄이 대열에 놓아두고 언니에게 다녀왔다. 아무리 찾아도 그 대열에 놓여 있어야 할 냄비가 온데간데없었다.

그런데 고맙게도 언니의 죽 냄비는 천사의 손길을 통해 붉은 연탄불 위에서 보글거리며 끓고 있는 것이 아닌가! 희숙이의 고운 마음으로 숙달된 손놀림에 죽이 끓고 있었다. 그때서야 희숙이와 첫인사를 나눴다.

그녀는 나와 동갑이었고 그 후로 우리는 아주 친한 친구가 되었다. 친구의 어머니는 간암 말기 환자로 처지가 우리랑 같았다. 친구 어머니의 복수는 금방이라도 터질 듯 불러 있지만 반듯이 누울 수 있으니 그래도 우리보다 형편이 좋았다. 언니는 밤낮으로 기둥에 등을 대고 눕지도 못했으니.

간호하는 나 또한 하루가 어찌나 빠르게 지나는지 자신을 위해서는 잠시도 숨 돌릴 여유가 없었다. 새벽부터 밤늦게까지 잠시도 허리를 펴고 자리에 누워 있을 시간이 없었다. 하지만 비가 내리는 날이면 언제부터인가 넋이 나간 사람처럼 나도 모르게 찾아가는 곳이 있었다. 연탄 아궁이가 있는 모퉁이 슬래브 처마 밑이었다. 그곳은 비가 내리는 날이면 나만의 시간 속으로 여행하는 유일한 공간이 되어버렸다.

그러던 어느 날 희숙이가 먼저 그곳에 앉아 있었다. 이제부터 혼자가 아닌 둘이서 비와 낙수를 바라보는 소중한 우리들의 장소가 되었다. 그해 여름이 시작되기 전 친구의 어머니는 집으로 돌아간 뒤 이틀 만에 눈을 감았다는 소식을 들었다.

언니도 8월의 폭염을 견디지 못하고 천사 같은 모습으로 우리 곁을 떠나고 말았다. 슬픔이 목젖에 걸려 넘어가지 않고 있던 어느 날, 소식도 없이 희숙이가 찾아왔다. 우리는 손을 꼭 잡고 격포 바닷가로 갔다. 바위에 걸터앉아 먼 바다를 바라보았다. 희숙이와 슬픔을 함께했던 지난 시간들이 주마등처럼 스쳐갔다. 우리들은 각자의 설움과 그리움을 한없이 토해냈다. 그렇게 얼마의 시간이 흐른 뒤에 서로 마주보며 얼룩진 얼굴을 닦아주며 바보처럼 마주보고 쿡쿡, 하하 웃은 후 약속했다. 이젠 울지 말자, 또다시 울면 진짜 바보라며 서로에게 다짐하듯 약속했다.

요즘도 비가 내리는 날이면 변함없이 친구를 그리며 바닷가로 가곤 한다. 하지만 친구와 함께했던 약속은 가끔 지키지 못하고 만다. 바보처럼 자꾸만 눈물을 훔쳐내는 일이 요즘 들어 부쩍 더 늘었다. 친구도 어디서든 내 생각을 조금이라도 하고 있을까? 어느 날 홀연히 내 앞에 나타날 것만 같은 친구, 이렇게 비가 내리는 날이면 보고 싶은 친구를 그리며 빗소리에 마음을 달래 본다.

정거장

자동차 소음과 배기가스 냄새까지도 잊은 채 무작정 걸었다. 그렇게 몇 정거장을 지나쳤는지 모르겠다. 버스승강장 표지판이 눈에 들어왔다. 그곳에서 잠시 쉬고 싶어졌다. 정거장에는 긴 의자 1개와 유리벽에 지붕과 바람막이까지 되어 있었다.

텅 빈 정거장에 앉아 있노라니 사람들이 한두 명씩 모이기 시작했다. 목적지가 어디인지 모를 사람들이 여유롭게 버스를 기다리는 모습과 달리, 바쁜 숨을 몰아쉬고 달려와 발을 동당거리는 사람들까지 정거장은 이미 두서없이 모여 긴 의자에 앉거나 서성였다.

먼 길 떠나려는 듯 큰 가방에 차림새가 심상치 않아 보이는 40대 여인의 진한 화장품 냄새를 피하여 나는 반대쪽으로 고개를 돌렸다. 언제 와서 누구를 기다리는 걸까. 정거장 끝자락에 서 있는 한 남자의 모습에 시선이 고정되었다. 그 남자는 불어오는 바람에 브라운 바바리코트 앞자락이 펄럭임에도 의식하지 않고 먼 곳에 시선을 두고 있었다. 바람이 불어올 때마다 옆 이마가 살짝 보이는 단정한 머리와 적당한 체구에 키는 그리 크지도 작지도 않고 50대 중반으로 보이는 남자는 바바리코트가 아주 잘 어울렸다. 저 남자는 어디에 가려는 걸까. 길을 다시 걸으면서 뒤돌아보고 싶은 마음을 눌렀다.

바바리코트가 가장 잘 어울렸던 고(故) H 작가님이 떠올랐다. 그분은 지금은 먼 곳에 있기에 다시는 볼 수가 없는 기억 속에 남아 있는 분이다. 유난히 배가 불룩한 작가님에게 농담처럼 언제 해산하실 거냐고 물으면 작가님은 아주 여유 있게 "때가 되면 나오겠지." 하며 주변 사람들에게 큰 웃음을 주었다.

매년 이때쯤 청곤색 바바리를 입고 나타나면 그렇게 커다란 배도 모두 숨어 버리는 요술 같은 최고 멋있는 옷이라고 말했넌 기억이 났다. 언제나 다정하게 웃어주던 모습이 떠올라 하늘을 올려다보며 걸었다.

7년 전쯤 H 작가님에게서 늦가을 오후 전화가 왔다. 전주에서 조금 떨어진 장소로 잠시 와줄 수 있느냐는 부탁이었다. 작가님이 말한 곳에 다다르니 버스정거장 앞에서 청곤색의 바바리에 베이지색 체크무늬 머플러까지 멋스럽게 차려입고 서성이고 있었다. 은빛 머리카락이 오후 햇빛에 반짝이며 바바리 앞자락이 바람에 펄럭이는 것도 괘념치 않고 내가 나타날 방향을 향하고 있었다.

자동차 시동을 끄고 잠시 쉬어 가자기에 정거장 쪽으로 걸었다. 정거장은 콘크리트 벽에 지붕이 뾰족하고 조금은 괴이하게 생겼다. 나무토막을 듬성듬성 걸쳐 놓은 긴 의자 위에 손수건을 꺼내 펼쳐놓으며 앉으라 했다. 참으로 오랜만에 느끼는 여유와 편안함에 깊은 숨을 내쉬며 눈앞에 펼쳐진 들판을 바라보았다. 어느새 추수를 마친 들녘에는 쓸쓸함이 더한 것 같았다.

텅 빈 들판을 바라보고 있노라니 불현듯 김제평야 황금들판을 언제 돌아봤던가 싶고, 항상 바쁘다는 핑계로 기억 저편에 놓고 살아왔던 시간들의 아쉬움과 또 다른 연민으로 한쪽 가슴이 먹먹해졌다.

"이제 일어날까요?"

왜 오라고 했는지 알았느냐는 질문에 고개를 끄덕이며 조금은 알 것 같다고 말했던 기억이 떠오른다. 정거장은 삶의 연속이지만 삶의 쉼터이기도 하다는 것과 항상 바쁜 내 삶을 잠시 쉬어가며 자신을 뒤돌아보라는 작가님의 깊은 마음이었던 것이다.

어릴 적 읍내에 사는 큰언니 집에 가려면 30여 분을 시외버스가 정차하는 곳까지 걸었다. 버스가 언제 올지 기약 없는 시간을 기다리다 지치면 그리 길지도 않은 목을 빼며 발돋움질까지 했다. 해 지기 전까지는 오겠지 하고 무작정 기다리면 뿌연 먼지를 꽁무니에 길게 달고, 소나무 모퉁이를 돌아오는 버스가 얼마나 반가웠던지. 그 설렘을 지금도 회상하며 웃어 보곤 한다. 그 시절에 버스를 기다렸던 장소는 정거장이란 표지판이 없어도 사람들은 으레 그곳에서 버스를 기다리면 되었다.

시간은 멈추지 않는다. 다만 의식하지 않고 순간순간 잊고 지나갈 뿐이다. 나는 지난날을 회상하며 얼마나 걸었던지 오른쪽 발목에 통증이 시작되어 더 이상 걸을 수가 없었다. 정거장을 지나치려다 발을 멈추고 전광판을 바라보았다. 집으로 갈 수 있는 버스가 13분 후에 도착한다는 문구를 읽었다. 긴 의자에 무거운 짐을 내려놓듯이 털썩 걸터앉아 집으로 가는 버스를 기다리다 잠시 눈을 감고 생각해 보았다. 그 정거장에 가면 H 작가님은 아직도 나를 기다리고 계실까?

피아노 치는 남자

축제 한마당 | 내비게이션 | 피아노 치는 남자
옆집 엿보기 | 수영장 | 850원 순회 관광
마중 | 건지산 | 천변길 | 동창회
2호 법정 | 찔레꽃

5

축제 한마당

내가 사는 온고을에는 지금 며칠째 잔칫날이다. 국제영화제와 풍남제 행사가 함께 어우러져 거리가 술렁인다. 나는 잔칫날 잔치국수는 먹지 않았지만 연일 이어지는 풍남제 행사를 보려고 한옥마을을 찾았다.

한옥마을 사거리 모퉁이에서는 품바타령과 어울리는 재치와 유희로 영업이 성행하고 있었다. 구경나온 사람들 주머니를 시원하게 열고 있는 그들을 보는 것만으로도 웃음이 나왔다. 아주 작은(난쟁이) 사람들이 춤을 추며 노래를 부르니 지나가는 사람들의 발길이 멈추었다.

오늘 밤에는 한지 패션쇼를 한다기에 시간을 내었다. 시내버스를 타고 여유 있게 한옥마을에 도착하여 여기저기 둘러보기를 참 잘했다는 생각이 들었다. 이곳저곳 기웃거리며 구경하는 재미도 쏠쏠하다. 한지 패션쇼가 열리는 특별무대에 찾아가 보았다. 야외에 설치된 무대는 아직 시간이 남았지만 벌써 빈 좌석이 얼마 남지 않았다. 앞자리에 앉고 싶어 일찍 왔지만 중간 부분에 겨우 좌석 하나를 찾아 앉았다.

무대 위에선 식전 행사가 한창 무르익고 있었다. 아름답고 우아한 태평무가 선과 멋을 마음껏 표현하고 있었다. 이어지는 부채춤의 화려함은 내 마음을 흔들어 놓았다. 커다란 부채는 화려한 꽃도 되었다가 아름다운 선(線)도 만들며, 한 마리의 새가 비상하는 것 같기도 하고 나풀나풀 나비가 꽃을 찾아다니는 것 같기도 했다.

이어서 한지 패션쇼가 시작되었다. 옥색의 은은한 조명과 함께 하늘에서 선녀가 미소를 지으며 내려온 것 같은 의상은 희고도 고와 눈이 부셨다. 또 올망졸망 흰나비 떼들이 젖은 날개 펴며 세상을 향해 한 발 내딛는 모습이 너무 사랑스럽고 앙증맞아 보였다. 이브닝드레스의 우아함과 새내기 출근복의 심플한 의상까지 참으로 다양했다. 아름다운 멋과 혼을 담은, 참으로 정성이 가득 담긴 한지 패션쇼였다.

곱게 염색을 한 연분홍 드레스는 약혼 예복으로 손색이 없어 보였다. 웨딩드레스의 우아함과, 파티장 주인공이 입으면 안성맞춤인 화려한 드레스, 꽃을 만들어 붙여 입체적인 느낌을 주는 손이 많이 간 의상이 매우 인상 깊었다. 내가 입고 싶은 충동이 일어나는 의상까지 20여 종의 한지 패션쇼를 보면서 어느 의상보다 많은 손이 갔을 것이라는 생각을 해보았다. 나도 예전에 의상 디자인을 연구했고 한때는 의상을 직접 만들기도 했다. 모델들에게 내가 디자인한 옷을 선보이고 싶은 충동이 일어났다.

한지로 유명한 온고을에서 제48회 풍남제와 어울림 마당에 함께 올해로 9년째 맞는 한지 패션쇼가 더욱 발전해 나가는 모습을 보며 자랑스러움이 가슴을 벅차게 하는 밤이었다. 이제는 실용적인 한지로 생활의

상을 만들어 입을 수가 있다는 말을 듣고 나도 작은 희망을 꿈꾸며 행복한 마음이 되었다. 한지가 진열되어 있는 장소로 이동하여 부드러운 촉감을 느끼고 곱게 염색을 하고 있는 사람들 곁을 지나 한지 전시장을 돌아나왔다.

문득 40년 전 추억 여행을 해본다. 내가 초등학교에 다닐 때 어쩌다 노트를 한 장이라도 쓰지 않고 버리는 날은 어머니의 호통이 컸다. 그때는 너무나 소중하게 쓰였던 노트 1장, 종이 1장이었다. 연필에 침을 발라가며 빈틈없이 다 쓴 노트는 재래식 화장실에서 화장지로 쓰였고 또 다른 재활용품으로도 사용되었다.

어머니는 한데 모인 책과 노트 등을 물에 담가 놓았다. 오랫동안 물속에 잠긴 종이는 부드럽게 풀어졌다. 어머니는 풀어진 종이를 바구니에 선져 물을 뺀 후에 도예가의 손이 되어 여러 모양의 멋진 함지박을 만들었다. 햇빛 좋은 날 잘 말린 크고 작은 종이 함지박은 풀잎과 꽃잎으로 무늬를 만들어 문종이로 붙인 다음 또다시 그늘에서 잘 말렸다. 그렇게 완성된 용기들을 사용하던 어머니의 지혜로운 생활이 이제는 그리움과 정겨움으로 밀려온다.

또한 종이학 접기가 한창 유행하던 때였다. 초등학교 1학년에 입학한 큰아이는 학교에서 돌아오면 유치원에 다니는 동생과 꼬막손으로 열심히 종이학을 접었다. 밤에는 남편까지 어우러져 서로 예쁘게 만들기에 밤이 깊어 가는 줄도 몰랐다. 고운 색종이로 접은 천여 마리의 종이학은 지금도 거실 한쪽 유리병에 담겨 아이들이 자라는 모습을 지켜보고 있다.

2년 전 문학기행 전주 투어를 하면서 종이전시관에 견학을 간 적이 있었다. 닥나무로 한지를 만드는 과정부터 종이를 이용하여 다양한 생활도구를 만들어 사용하였던 선조들의 지혜를 느낄 수가 있었다. 가이드의 인솔하에 종이의 발달 과정을 살펴보며 인간 두뇌의 발달은 무한하다는 생각을 했다.

각종 종이와 한지는 생활의 도구에서 이제는 우리의 의상으로까지 아름답게 선보이고 있다. 나도 어느 날 건축가의 아름다운 손길로 모든 종이를 이용하여 바닷가에 예쁜 집을 짓고 싶다. 종이 벽을 쌓고, 종이 구들장을 놓고, 종이로 만든 용기에 음식을 차려놓고 친구들을 초대하고 싶다. 또한 한지를 이용하여 나비 같은 이브닝드레스를 만들어 입고 싶다. 고운 모습으로 저녁 식사에 초대한 정겨운 친구를 기다리는 내 모습을 상상해본다.

내비게이션

J 시인은 퇴직한 후 직장인들 출근하여 퇴근하는 시간까지 7~8평 정도의 오피스텔에 계신다. 그곳 사무실 문을 열고 들어서면 입구부터 책으로 가득 쌓여 사무실이라기보다는 책을 수집하는 장소로 착각될 정도이다.

시(詩) 작업을 하기에는 조금 어수선한 곳이지만 그래도 선생님은 대부분 시를 이곳에서 창작하신다. 좁은 공간이지만 화분부터 냉장고까지 필요한 것은 다 갖추고 있다. 내가 가끔 연락도 없이 찾아가면 시인님은 뭣 하느라고 코빼기도 안 보였느냐며 핀잔이지만 언제나 반가이 맞아주신다.

사무실에 놓인 작은 냉장고 문을 열면 음료수나 드링크제가 다양하게 들어 있어 골라 마시는 재미도 쏠쏠하다. 무얼 마실까 잠시 고민하다 비타민을 꺼내며 매번 누가 이렇게 많이 사다 놓은 거냐고 물으면,

"그건 알아서 뭐하게." 욕심나면 다 먹으라며 넉넉히 웃으신다.

얼마 전 후배가 습작한 시 몇 편을 메일로 보냈다며 좀 봐 달라기에 그 글을 인쇄하여 시인님 사무실로 찾아갔다. 마침 선생님은 오랜 친구인 황 선생님과 함께 주식 쪽 신문을 펼쳐놓고 계셨다.

"선생님도 주식 사셨어요?"

"그래."

선생님은 가지고 계신 주식이 주당 100원만 오르면 모두 팔아서 맛있는 것 사주시겠다고 했다.

신문을 접으신 선생님은 탁자 위에 놓인 책을 뒤적이더니 책 한 권을 건네주며 읽어 보라 했다. 차 한 잔 마시면서 이야기 도중 이번에는 자동차를 새로 바꾸었다고 했다. 선생님은 10년 넘게 타고 다니던 정들었던 자동차를 가족의 권유로 고급 승용차로 바꾸었다고 했다. 올해 칠순이니 사용하던 자동차도 정리해야 할 연세이지만 고급 승용차로 바꾸셨다니 얼마나 기쁜 일인가. 젊어서는 가장이라는 무거운 어깨로 살아가기 바쁘고 나이 들수록 초라한 모습으로 자식 기대고 사는 부모들이 대부분이지만 선생님은 삶의 모습이 여유로워 언제나 보기가 좋았다.

"멋진 승용차 바꾸신 것을 축하드려요. 그런데 자동차 시승은 언제 시켜줄 건가요?" 아무 때나 말만 하라는 말씀에 오늘 당장 시켜 달랬다. 어디에 가고 싶으냐는 말에 청운사 백련이 보고 싶다고 말했다. 우리들은 청운사를 향해 출발했다. 운전석에 앉으신 선생님과 자동차가 아주 잘 어울렸다. 조수석에 앉으신 황 선생님도 그곳 지리는 잘 알고 계셨고, 선생님도 대충 알고 계신다며 내비게이션을 작동시켰다. 내비게이션은 나비, 나비하며 출발을 준비하더니 이내 고운 목소리의 아가씨가 인사부터 곱게 했다. 참 예의 바른 아가씨다.

내비게이션은 지상 약 2,500m 높은 우주 공간에서 감지하여 지상의 내비게이션에게 제시한다더니 참으로 번개 같다. 도로의 정확한 위치와 작은 길까지 상세히 표시되어 있을 뿐만 아니라 방향 지시까지 알려주지만 핸들을 잡은 선생님은 아가씨 말을 좀체 듣지 않았다. 아가씨는 화를 낼 만도 하지만 또다시 부드러운 목소리로 길 안내를 게을리하지 않았다.

선생님은 마치 청개구리 어른마냥 "그 길은 싫어." 하며 선생님이 아는 친숙한 길을 선택하여 주행했다. 그렇게 시내를 빠져나오기까지 아가씨는 너무나 떠들어 목이 잠겼는지 전군도로를 달릴 때는 잠시 조용하다 싶더니 또다시 떠들어대기 시작했다. 뒷좌석에 앉아 있는 나는 화가 치밀어 한마디 기들고 싶었으나 선생님이 행여 운전하는 데 방해될까 봐 꾹 참았다.

자동차가 지나가는 양쪽으로 들판에는 끝이 보이지도 않는 푸른 벼가 바람에 출렁이고 강둑길은 넉넉한 오후의 햇살을 받으며 아주 건강해 보였다. 그렇게 한참을 달리다 한적한 시골길로 들어섰다. 아가씨 또한 완전히 토라졌는지 조용하다. 이제는 선생님도 길을 잘못 들어섰다는 것을 파악하고 당황하셨다. 이제 아무 말도 않는 아가씨에게 길을 물어봐도 아무 소용이 없었다. 산길로 이어지는 시골길을 저만치 걸어오는 아주머니에게 물어 돌고돌아 겨우 청운사에 도착했다.

청운사는 입구부터 천수답 다랑이논에 만개한 백련으로 가득했다. 사찰 안에는 백련에 대한 상세한 것들이 진열되어 있고 해설사가 설명하고 있어 중요한 자료를 얻을 수가 있겠지만 나에게는 꼭 필요한 자료도 아니고 신발 벗고 들어가기 싫어 뜰에 걸린 시화만 보았다.

백련으로 가득한 원두막에 앉아 바람이 이는 연꽃의 향기에 취해보려는데 풀숲에 커다란 뱀이 노려보고 있었다. 그러다 웅성이는 사람들 목소리에 사라지더니 뱀은 잠시 후 다시 나타나 그 자리에서 더욱 노려보았다. 주변을 살펴보니 맞은편에서 황소개구리가 뱀을 향하여 같은 모습으로 마주 바라보고 있었다. 서로 먹잇감을 놓고 불꽃 튀는 경계를 하는 것인지, 백옥 같은 연꽃에 우매한 인간들이 손을 대기라도 하면 당장이라도 덤벼들 자세로 백련을 지키는 것인지 미물(微物)들을 붙잡고 물어보지는 않았다. 백련을 지키는 주변의 미물들이 있기에 이곳의 연꽃은 더욱 희고 아름다운 것은 아닐까 생각했다.

전주에서 청운사로 출발할 때 먹구름이 몰려오기에 우산 걱정을 했다. 그곳에 가면 우산이 많이 있으니 걱정하지 말라는 선생님 말씀만 믿었는데, 우산이란 것이 그곳에 가득한 연잎이었던가. 선생님은 잊지 않고 우산이 필요하면 미리 하나 준비하라시며 연잎을 가리켰다.

그러나 우산보다 멋있는 연잎에 손을 대기라도 하면 이곳을 지키는 수많은 미물들에게 잡혀 온전히 집으로 돌아갈 수 없을 것 같아서 손만 뻗으면 꺾을 수 있는 연잎을 하염없이 바라만 보았다. 연잎 사이사이에 피어 있는 백련꽃 향기에 흠뻑 취했다. 나도 모르게 마음이 방방 들뜨고 있었다.

집으로 돌아올 때 나는 아가씨가 제시하는 방향으로 가는 것이 싫으면 차라리 내비게이션을 끄고 가시라고 했다. 선생님은 이번에는 "이 녀석이 시키는 대로 갈 거야……." 하셨다. 내비게이션 아가씨는 길이 엉키고 복잡한 곳에서는 더욱 신바람이 나는지 낭랑한 목소리로 …앞에서 우회전하십시오, …앞에서 좌회전하십시오, 이곳은 제한속도 90km 입니다, 00미터 앞에 카메라가 있으니 제한속도를 지키십시오, 등등 쉴 틈 없이 조잘대었다. 나도 백련 본 감상을 내비게이션과 경쟁이라도 하듯 떠들어댔다.

길이 엉키고 복잡한 곳에서는 시끄러운 아가씨이지만 군산 산업도로 위에 우리 일행을 올려놓고 한참 자는지 조용했다. 나도 목이 아프고 피곤하여 입을 닫았다. 목적지에 도착했다며 인사말까지 빠뜨리지 않는 친절한 내비게이션 아가씨에게 수고했다 너도 그만 쉬어라시며 선생님은 안전벨트를 풀었다. 꼭 나 들으라고 하는 소리만 같았다.

피아노 치는 남자

토요일 오후 읽던 책으로 얼굴을 가린 채 낮잠에 빠졌다. 그렇게 얼마의 시간이 흘렀는지 모르지만, 휴대전화가 옆에서 목놓아 울었다. 미동도 하지 않는 내 모습을 지켜보던 작은아들이 마지못해 전화기를 열어 내 귀에 대었다. 오랜만에 들어보는 윤하의 목소리를 듣는 순간 아, 오늘이 무슨 날이며 왜 전화를 걸었는지 알 수가 있었다.

한 달 전쯤 다음에는 꼭 참석하기로 윤하와 약속하였는데 나는 까맣게 잊고 있었던 것이다. 오늘도 못 가겠다는 뚜렷한 핑계나 이유가 떠오르지 않아 시간에 맞추어 집을 나섰다. 익산에 사는 문인 몇 분과의 조촐한 만남이었다. 융숭한 저녁 식사 대접을 받은 후 장소를 옮겼다. 내가 사는 도시에만 즐거운 라이브 카페가 있는 줄 알았는데, 그곳에도 참 좋은 음악 공간이 있었다.

모두를 즐겁게 해주는 라이브 음악홀이었다. 계단을 타고 내려가다

보니 점점 크게 피아노 소리가 들렸다. 문을 열고 들어가니 바로 옆에서 피아노 앞에 앉은 한 남자가 피아노를 치며 달콤한 목소리로 「잃어버린 우산」이란 노래를 부르고 있었다. 일행은 테이블에 안내받고 자리에 주섬주섬 앉았지만 난 익숙지 않은 분위기에 두리번거리고 있는데 노래를 마친 남자가 다가왔다.

본인은 이곳 사업주이며 무명가수 김00라며 인사를 건넸다. 피아노 연주 솜씨 못지않게 아주 맑은 얼굴과 깔끔한 차림새, 예의바른 그 남자가 마음에 들었다. 분위기에 휩쓸려 한참 이야기 속에 빠져 있다가 아름다운 선율의 연주에 나는 다시 매료되었다. 주인 남자가 이번에는 플루트를 연주하는 것이다. 나는 자리에서 일어나 무대로 다가갔다. 플루트를 연주하는 아름다운 손은 마치 마술을 부리는 듯 그렇게 내 마음을 빼앗았다. 연주는 끝났지만 그 여운에 흥분이 쉽게 가라앉지 않아 일행이 모인 자리로 돌아갈 수가 없었다.

구석진 빈 테이블에 앉아 홀로 천장을 바라보았다. 사방 벽에는 수많은 명곡부터 빛을 보지 못한 악보들로 도배되었고 천장에도 눈에 익은 악보가 군데군데 눈에 띄었다. 한쪽 바닥에 지금은 별로 사용하지 않는 LP 음반을 장식용으로 수북이 깔아놓아 이색적이고 옛 추억이 되살아나 더욱 정겨웠다. 물론 복사본이겠지만 음반이 눈에 들어와 다가가보니 John Lennon의 음반이었다. 당시 영국이 만들어낸 신화적인 '비틀즈' 리더로 활동하다 솔로로 활동할 때 더욱 빛을 보았던 그가 비극적인 생을 마감했기에 더욱 슬펐던 기억들, 그의 노래 「Love」보다 「Imagine」을 더욱 좋아했던 기억이 떠올랐다. 나는 한동안 이제는 사용할 수 없는 음반을 바라보았다.

무대 앞쪽 벽에는 금관악기, 목관악기, 타악기까지 작은 오케스트라가 옹기종기 모여 벽을 장식했다. 처음엔 장신구처럼 벽에 진열해 놓은 악기들인 줄 알았다. 김 가수는 어느새 벽에 걸린 악기를 들고 마음 내키는 대로 음악에 맞추어 연주했다. 나는 김 가수에게 시선이 고정되었다. 또 다른 악사들도 너무나 이색적인 모습으로 등장하여 아름다운 선율과 멋진 무대를 꾸미며 악기에 맞추어 노래도 부르고 구성진 감동의 시간을 연출했다.

벽과 천장에 붙어 있는 수많은 악보 중에 갑자기 듣고 싶은 노래가 눈에 들어와 연주를 부탁했다. 주인 남자는 미소 지으며 쾌히 승낙을 하였고 벽에 걸려 있던 악기를 꺼내, 세상에 나온 지 46년 된 색소폰이라고 말했다. 색소폰은 김 가수보다 세상에 먼저 나왔노라고 소개를 한 후에 아주 멋지게 「Nonsober」를 연주했다. 어쩌면 이렇게 다양한 악기를 연주할 수가 있느냐는 질문에 음악이 좋아 음악에 빠져 살다 보니 그렇게 되었다고 했다.

일행이 있는 곳으로 발길을 돌리려는 순간 남자는 트럼펫으로 「열아홉 순정」을 멋지게 연주했다. 우리는 모두 자리에서 일어나 함께 호응했다. 하모니카 연주 또한 뛰어나 정말 프로다웠다. 드럼도 가능하냐는 질문에 미소를 지으며 조금 할 줄 안다고 겸손하게 말했지만 프로였다. 음악홀 주인 무명가수 김00 씨는, 아니 피아노를 치던 그 남자도 아마 오랜 시간 분명 악기에 미쳐 있었을 것이다.

지난여름 특강을 받으러 전북대평생교육원 수필창작반 강의실 문을 처음 열고 들어가 자리에 앉으니 첫 강의 시간에 사자성어를 흑판에 쓰며 '불광불급(不狂不及)' 우리도 수필에 미치지 않으면 어느 경지에

이를 수 없다며 수필에 미쳐야 된다고 말씀하신 K 교수님의 말씀이 떠올랐다.

옆집 엿보기

10여 년 넘게 미운 정 고운 정 들었던 옆집이 이사를 갔다. 옆집은 주인이 바뀌면서 또다시 페인트칠하며 새롭게 단장한 후 50 중반의 새 주인이 작년 가을 이사를 왔다.

3층인 우리 집을 오르내리며 살짝만 고개를 돌려도 2층인 옆집을 훤히 바라볼 수 있다. 그런 옆집을 볼 때마다 왠지 도깨비 집 같다는 생각으로 날마다 오르내리며 호기심에 자꾸 바라보게 된다.

우리 집은 집을 짓고 남은 공간을 주차장으로 이용할 심사로 바닥을 콘크리트로 해서 대추나무 한 그루 심을 공간이 없지만 옆집은 커다란 모과나무 한 그루와 대추나무 앵두나무까지 심었다. 매년 늦가을이면 노랗게 익은 모과를 광주리로 땄다. 이웃집의 모과 나르기가 시작되면 앞집 뒷집 냉장고에 들어 있는 과일이며 떡, 차(茶)를 들고 나와 모과와 함께 정을 나누곤 했다.

새로 이사 온 옆집은 모과나무에 주렁주렁 열린 덜 익은 모과 가지를 무참히 꺾어 버렸다. 그 모습은 마치 여인이 치마를 빼앗기고 저고리만 입고 있는 듯 흉물스럽기 그지없다. 나는 괜히 울화가 치밀었지만 꾹 눌러 참았다. 어느 날 나뭇가지를 꺾은 이유를 물었다. 옆집 아저씨는 안방에 그늘이 져서 잘랐다고 했다.

옆집의 모과나무는 이듬해 봄이 시작되면서 꺾기고 찢기어진 몸으로 맨 먼저 봄소식을 전해 주었다. 연둣빛 빛깔로 봄이 왔노라고 반짝이며 나날이 변하는 모과나무를 바라볼 때마다 마음이 아팠다.

잎이 날마다 조금씩 커져가는 것과 변해가는 빛깔을 바라보며 그래도 나무가 살아있어 사명을 다하니 다행이다 싶었다.

어느 날 모과나무가 송두리째 사라지고 없었다. 마치 내 것을 도둑맞은 것처럼 허전했다. 나는 너무나 화가 났으나 그렇다고 찾아가서 따질 일은 아니었다.

다음날에는 짐을 담 넘어 옮긴다며 우리 집 주차장에 세워둔 자동차를 빼달라고 했다. 그리고 잠시 후 요란한 소리가 나서 내다보니 서너 명의 무섭게 생긴 남자들이 옮겨온 기계톱이며 용접기와 파이프 등으로 주차장을 가득 채우고 뭔가를 만들고 있었다. 주차장 전체를 이미 사용하면서 나를 보더니 주차장을 사용해야겠다는 통보를 하는 것이다. 옆집은 우리 집 넓은 주차장에서 온실을 만들어 올리는 편리한 방법을 생각한 것이다.

그렇게 잘 지어진 온실 속에는 칸칸이 각종 분재며 화분들이 예쁜 꽃을 피워대고 있으나 내 눈에는 꽃들이 슬퍼 보였다. 대부분 야생화를 옮겨온 것이지만 향기가 없었다. 제아무리 좋은 공간을 만들어 향기 좋은 꽃을 모셔놓았어도 꽃의 마음은 옮겨오지 못했다.

온실 속 꽃들은 어쩌다가 놀부 같은 아저씨에게 발견되어 정겨운 고향과 친구들을 남겨두고 숨 막히는 도시 한복판에 와 있단 말인가! 꽃들이 애통하며 탄식하는 것처럼 보였다. 올여름은 무척 더울 거라는 기상 예고도 있는데 옆집의 온실 속 꽃들이 걱정이다. 그동안 공기정화와 습도 조절이며 커다란 모과나무 한 그루가 하는 역할이 참으로 많았었는데 사라진 모과나무가 그립다.

옆집 모과나무의 사라짐은 안전하고 편안했던 내 양산을 한여름 벌판에서 잃어버린 것과 같다. 모과나무는 가을에는 나름대로 멋을 낸 단풍잎과 잘 익은 모과를 거둘 수가 있었고, 겨울에는 가지가지에 내려앉은 하얀 눈꽃을 볼 수 있었는데 이제는 더 이상 볼 수 없기에 더욱 그립다.

아무리 예쁜 꽃도 가꾸는 마음이 예뻐야 향기가 나는가 보다. 옆집 아저씨가 귀한 야생화라 자랑하여 가까이 다가가 코를 벌름거려 보았으나 향기가 없었다. 요즘은 날씨가 나날이 더워지고 있다. 온실의 온도를 내리려고 검은 포장을 온실에 씌워놓은 모습이 보기도 싫고 여간 신경 쓰이지 않는다.

위에서 바라보는 옆집은 또다시 도깨비 집 같다. 이웃을 전혀 아랑곳하지 않는 옆집을 더 이상 엿보기 싫지만 눈만 뜨면 보이는 옆집을 어쩌겠는가. 이제는 옆집을 이해하며 사랑하는 수밖에…….

수영장

나는 지금까지 살면서 종합검진은 물론 2년에 한 번씩 하는 국민건강검진 한 번 받지 않고 살았다. 그런데 지난겨울 빙판길에 넘어진 것이 계기가 되어 머리 C/T 촬영을 했다. 검사결과를 의사 선생님은 자세히 설명하여 주었다.

의사 선생님이 여기저기 가리키며 그동안 내 머릿속에 뇌경색이 여러 번 다녀간 흔적이라 했다. 마치 아이가 놀다가 아무데나 두고 간 장난감들 같았다.

질서정연해야 할 머릿속이 엉클어진 거미줄 같기도 했다. 정신 나간 표정으로 눈물만 주르륵 흘리고 있는 나를 한동안 지켜보던 의사 선생님은 이런저런 예를 들어가며 위로했다. 지금부터 운동은 필수이고 약만 지속적으로 복용하면 별 문제 없을 것이라며 안심시켰다.

건강을 위해서 운동을 하는데 무슨 운동을 하지?

오래전에 해봤던 볼링을 다시 시작해볼까, 헬스장에 다시 다녀볼까, 요가를 또다시 해볼까, 치료받고 퇴원했으나 무엇을 어떻게 해야 할지 대책이 서지 않았다. 고민 끝에 수영장에 함께 다니자며 친구 경임이를 설득했다.

수영장은 보순이가 다닌다는 T수영장으로 정했다. 운동을 하지 않으면 근육이 경직(硬直)된다는 보순이는 오래전부터 수영장에 다니고 있었다. 오늘은 보순이를 따라 수영장에 갔다. 수영을 잘하는 보순이는 물개처럼 수영장을 누비고 다니지만 용기 없는 경임이와 나는 주변을 살피며 수영장으로 조심조심 들어갔다. 하마 같은 여자들이 물속에 들어가니 수영장은 마치 파도타기를 하듯이 물이 출렁거렸다.

경임이는 55세가 되도록 수영장 한 번 찾지 않았다더니 아이처럼 마냥 좋아하며 물속에서의 편안함을 즐겼다. 맑고 깨끗한 물을 한 아름 안아보았지만 결국은 손과 손만 마주쳤다. 두 손 모아 넘치도록 물을 들어올려보았지만 손안에는 한 주먹의 물도 남지 않았다.

우리들은 물속에서 하마 같은 몸이 물개처럼 날씬해질 수 있기를 기도하며 수영장을 뛰며 걸어다녔다. 옆 라인에서 자유롭게 오가며 자유형, 배영, 평영, 접영, 혼영 등등을 자유자재로 구사하는 보순이가 한없이 부럽기만 했다.

나도 17년 전에는 수영을 제법 했다. 내가 자유형 하는 모습이 너무 예쁘다고 칭찬하던 회원들도 많았었는데, 오랜만에 다시 수영을 하니 이제는 완전 맥주병이다. 자유형을 해보려는데 호흡도 맞지 않고 리듬을 또 어떻게 타야 할지 하나도 생각나지 않았다. 까마득하다. 남들은 한번 배워놓으면 잊지 않고 잘한다던데 왜 나는 이 모양이지. 입과 코로

물만 잔뜩 먹은 채 헐떡이는 내가 한심스러워 한숨이 절로 나왔다.

경임이와 나는 티판을 잡고 물차기를 하거나 물속에서 미스코리아의 걸음걸이를 흉내 내며 포즈를 취하기도 하고 웃으며 놀다 보니 시간가는 줄도 몰랐다. 경임이는 지금까지 살아오면서 자신을 위해 투자한 기억이 없다며 이 순간이 너무 행복하다고 했다. 이제 수영을 시작했으니 우리들의 몸매를 오이처럼 만들어 더욱 자신 있는 삶, 나를 좀 더 아끼고 사랑하는 삶을 살아보자고 서로에게 격려하며 수영장을 나왔다.

우리들은 물속에서 이 정도 놀았으니 몸무게도 쭈~욱 내려갔겠지 기대를 잔뜩 하고 그동안 호랑이만큼이나 무서웠던 체중계 위에 당당하게 올랐다. 수영장에 들어갈 때보다 몸무게는 조금 줄었다. 경임이도 200g이 빠졌다며 기뻐했다. 우리는 서로를 바라보고 예쁘게 웃었다. 오늘부터 당장 소식하자고 다짐에 다짐을 하였지만 이 모든 일이 작심삼일(作心三日)이 되지 않길 바랄 뿐이다.

850원 순회관광

지난밤 거의 뜬눈으로 날을 꼬박 새운 까닭에 온종일 몸이 천근만근이다. 급한 일을 마치고 집으로 오는 버스를 타고 동전 850원을 투입구에 넣었다. 한낮의 찜통더위가 저녁이 되어가도 식지 않는 밖의 기온과는 달리 버스 안은 시원한 에어컨 바람이 쏟아져 나왔다.

행선지를 알 수 없는 승객들은 저마다 제일 편안한 자리를 찾아가 앉아 있다. 나도 시원한 자리에 앉자 이내 잠이 들어버렸다. 그렇게 한참을 가다가 잠에서 깬 나는 낯선 주변을 바라보고 깜짝 놀랐다. 버스는 어디로 얼마쯤 달려가고 있었던 것인지, 도대체 어디를 향해 가는 것인지 도저히 알 수 없는 낯선 길이었다.

시가지를 벗어난 변두리가 분명한데 도대체 이곳이 어디란 말인가? 정신을 차려 뒷좌석을 바라보았다. 아무도 없고 다음 승강장에서 내릴 준비를 마친 여인만 벨을 누르고 서 있을 뿐이다. 나는 몹시 당황했지만 태연하게 기사님에게 이곳이 어디인지 물었다. 기사님은 룸미러로 나를 바라보며 어디에 가느냐고 물었다. H여중까지 간다고 했더니 버스를 반대 방향으로 잘못 탔다는 것이다. 나는 분명히 승강장에서 GPS 안내대로 20여 분 기다렸고, 105번이라 쓰여 있기에 H여중 가는 노선인 줄 알고 당당히 버스에 올랐었다.

버스 기사님은 내가 어쩔 줄을 몰라하는 모습을 바라보았던지 친절하게 그곳에 가려면 길을 건너서 타야 했다고 했다. 지금은 이곳에서 내려야 그곳으로 곧장 갈 수 있는 방법이 없다며 내리지 말고 버스에 타고 있으라고 말했다. 기사님과 나는 한참을 들길과 마을길을 달려 버스종점에 다다랐다.

외딴 곳에 있는 버스종점이라 콜택시나 부르면 들어올까 지나가는 택시도 없을 뿐더러 우리 집과는 정반대의 장소였다. 그러나 처음 보는 주변 환경이지만 친정집에 온 것처럼 정겹고 신선하기까지 했다.

버스 기사님은 친절한 어투로 잠시 쉬었다가 출발할 것이라고 하더니 밖으로 나가 담배 몇 모금 태우고는 그만 서둘러 출발했다. 잘못 승차한 바보 같은 나 때문에 기사님의 유일한 휴식 시간마저 빼앗는구나 생각하니 미안한 마음이 들었다. 대중교통 이용에 익숙하지 않은 탓인지 속이 메스껍기 시작했다. 또다시 바보 같다는 소리를 들을까 봐 꾹 참는 내 마음을 알았던지, 기사님은 이번에는 에어컨을 끄고 창문을 열었다. 나도 닫힌 창문을 열고 농익은 시골 여름 풍경을 즐겼다.

한적한 길가에서 무성히 자란 풀 냄새가 진한 향기를 내뿜었다. 나는 깊은 숨을 몰아쉬며 진한 풀 향기를 마셨다. 한낮의 열기에 축축 늘어진 채로 단비를 기다리면서도 초목들은 온통 진한 초록의 세상을 만들고 있었다. 시내버스를 전세라도 낸 듯이 혼자 타고 들길을 달리는 상쾌함이 조금 전까지 복잡했던 마음을 차창 밖으로 날려 버리게 했다. 몇 정거장을 지나서야 승객이 한두 명씩 차에 오르내리며 내가 처음 버스를 탔던 맞은편 마트 앞을 지났다.

내가 같은 위치에서 길을 건너지 않고 버스를 탔기에 집의 정반대 방향으로 갔던 것이다. 그곳을 지나가며 기사님은 잊지 않고 나에게 상기시켜주었다. "이제 아주머니는 절대로 이런 실수 안 할 겁니다." 구석구석 돌고 돌던 시내버스는 드디어 H여중 앞에서 멈추었다. 버스에서 내리니 이번에는 몸 전체가 빙빙 돌았다. 승강장에 놓인 긴 의자에 주저앉아 한참을 진정하며 가슴을 다독인 후, 비틀비틀 집을 향해 걸을 수가 있었다.

버스요금 850원으로 북쪽과 남쪽을 무려 2시간 30분이나 드라이브한 셈이다. 자동차 멀미가 심한 나는 술에 취한 모습으로 비틀거리며 골목길을 걸었다. 뿐만 아니라 입가에서는 나를 향한 조소가 비실비실 흘러나왔다.

그동안 바보 같은 나에게 손과 발이 되어 주었던 폐차장으로 떠난 7801 비스토가 오늘따라 간절히 그리웠다. 집에 들어와 두통약을 먹고 휴식을 취하였으나 천장이 흐릿하고 누워 있는 바닥은 끝없이 추락하는 기분이었다. 그 와중에도 친절한 기사의 한마디가 떠나지 않았다.

"이제 아주머니는 다시는 이런 실수 안 할 겁니다." 길을 가다 105번 시내버스를 만나면 운전석을 확인한다. 혹시나 지난번 친절을 베풀어 준 그 기사님이 아닐까 싶어서.

마중

전주역에 저녁 8시 10분쯤 도착할 것 같으니 8시쯤 핸드폰을 울려 달라는 부탁을 받았다. 지인은 기차 안에서 행여 잠이 들어 전주를 지나칠까 봐 그러는 것 같았다. 전화를 끊고 혹시나 시간을 놓칠세라 여러 번 시계에 촉각을 곤두세우며 잡다한 집안일을 했다. 벌써 1년이 다 지나가도록 바쁘다는 핑계로 차일피일 만나기를 미뤘던 후배 미영이의 전화가 왔다. 그래 말 나온 김에 만나자고 약속을 했다. 서둘러 외출 준비를 하고 집을 나섰다. 내가 자동차가 있으니 후배가 살고 있는 집 부근으로 약속을 정했다. 전주역 부근에서 후배와 차 한 잔 마시며 이야기하다 보니 전화를 하기로 약속한 시간이 가까워졌다.

"일어나세요! 지금 어디쯤 오시는가요?" 지인은 익산을 지나고 있다며 목소리가 말짱했다. 순간 나도 장난기가 발동했다. 내친김에 선생님 마중 나갈까요? 어떻게 마중 나오느냐며 놀리지 말라는 어투이다. 평소

술을 좋아하는 분이라 오늘도 술을 마시고 깊은 잠에 빠져 있을 것이라는 내 짐작은 오산이었다.

찻집 앞에는 '전주역' 이라고 붉은 레온 불빛이 반짝거리고 있었다. 눈을 들어 바라보니 저만치에 기와로 고풍스럽게 머리를 올린 지붕이 가로등 불빛으로 더욱 우아하게 돋보였다. 가끔씩 전주역을 지나칠 때면 나도 기차를 타고 어디론가 떠나고 싶다는 충동이 일어나곤 했었는데…….

갑자기 진짜로 마중을 가고 싶은 마음이 생겼다. 저녁을 먹자는 후배와 함께 찻집을 나와 전주역 광장으로 걸어갔다. 광장은 옷깃을 여미고 오고가는 사람들로 분주했다. 서울 출발~여수 종점 전라선 기차가 정차하였나 보다. 마중 나온 나를 발견했을 때 지인은 어떤 표정을 지을까? 정말 놀라는 표정일까, 아니면 놀라는 척할까? 어둠이 내려진 광장으로 한두 명씩 개찰구를 빠져나오고 있었다.

나는 눈을 감고 잠시 어머니를 떠올려 보았다.

어머니는 내가 어렸을 적에 밥상 차려 놓고 놀러 나간 막내딸을 찾으러 다니셨다. 나를 발견하면 어머니는 큰소리로 때맞춰 밥도 못 먹느냐고 야단하시곤 했다. 그때 어머니의 목소리가 들리는 듯하였다. 어쩌다가 학교에서 늦게 돌아오는 날이면 걱정이 되어 밥상 차려놓고 마을 끝 논둑길에서 서성거리던 어머니셨다. 성인이 되어 어쩌다 시골집에 찾아가는 날이면 맛있는 음식을 만들어 놓고 발자국 소리에 귀를 기울이며 혹시나 하여 대문 밖에서 서성이던 어머니시다. 결혼 적령기가 넘어도 시집갈 생각은 하지 않고 자기만족에 취해 있는 막내딸이 얼마나 걱정되셨을까?

자식은 애물단지라 하지 않던가! 서른이 되어 결혼하는 막내딸이 잘 사는지 못 사는지 노심초사 기웃거리며 맛있는 음식 해주던 어머니셨다. 지금은 어머니가 막내딸이 언제 찾아오려나, 목을 빼고 기다리신다. 우리 집과는 반대 방향에 사시는 어머니 집에 가는 날에는 도착하는 시간까지 대충 알리면 어머니는 아파트 창문을 열고 내가 올 때까지 바라보고 계신다. 어느 때는 아파트 정문 앞까지 마중 나오기도 한다.

나 또한 어머니의 피를 물려받은 어머니의 딸임을 부인할 수 없다. 어느새 어머니가 내게 베풀어주셨던 모든 것을 우리 아이들에게 그대로 답습하고 있다. 도서관에서 힘들게 공부하는 아이에게 도시락을 준비하여 가지고 갔을 때 아들은 감동했다. 첫눈 내린 어제는 눈길을 걸어 보고 싶다는 핑계로 김밥이며 따스한 튀김을 품에 안고 하얀 눈을 맞으며 도서관에서 공부하는 큰아들을 찾아갔다.

학원에서 조금 늦게 끝날 수도 있지만 시간이 되어 돌아오지 않는 아들이 걱정되어 집을 나선 적이 한두 번이 아니다. 아들을 기다리느라 골목에서, 학원 앞에서, 교문에서 서성거리던 나날들이 주마등처럼 스쳐 지나간다. 이런 나를 친구들이나 남편은 극성스럽다느니 마마보이로 키워서 어찌하려냐고 눈을 흘긴다. 심지어 군대에 보내고 어떻게 살려고 그러느냐고 떠들어대지만 내 귀에는 들어오지 않는다.

나의 어머니가 내게 베풀어주신 사랑인 것을 어쩌란 말인가. 아직은 우리 아이들이 성인이 아니기에 어미로서 아들에게 관심과 걱정이 떠나지 않는다고 얼버무리지만 지금 내가 하는 행동을 멈추지는 않을 것이다.

잠시 후 개찰구를 나올 그분은 전주에 사시는 분이다. 서울에 다녀온다는데 내가 굳이 마중을 나온 것이다. 옆에 있던 미영이는 누구기에 언니가 마중까지 나와 있느냐며 몹시 궁금해했다. 지인은 나에게는 특별한 분은 아니지만 언제나 고마운 분이다.

요즘은 외부에서 손님이 오면 대부분 음식점에서 식사 대접하고 호텔에서 잠을 재우는 것이 상대에 대한 예의라 단정해버린다. 누구를 마중나가기보다는, 자가용을 이용하는 사람들에게 어디로 오라고 핸드폰으로 아주 편리하게 연락한다. 고속버스를 이용하는 사람에게는 택시를 타고 어떻게 오라고 일러주는 것이 요즘의 마중법이다. 집에 찾아오는 사람 골목까지 내려가서 마중하는 일도 드물다. 문밖에서 마중하고 배웅하는 게 요즘 사람들이다.

만약에 내가 먼 곳의 친구를 찾아갔을 때 그 친구는 과연 나를 어디까지 마중 나올까? 터미널 앞에 차를 대기하고 기다리고 있을지, 아님 택시에서 내린 자리까지 마중 나와 있을지. 어쩌면 골목에 서서 기다리고 있을지도 모를 일이다. 설마 문 앞에 선 채 나를 맞이하지는 않을 것이다. 설마가 사람 잡는다는 말도 있지만.

건지산

초선 언니와 진숙 언니가 모처럼 맞는 휴일이니 건지산에 가자고 했다. 나는 오래전 아이들과 동물원에 다닐 때나, 가끔 그곳 주변을 자동차로 지나가다 본 것 외에 직접 가보지는 않았다. 건지산은 그저 평범한 야산처럼 생겨 별 관심이 없었지만 조선 건국의 왕이 묻혀 있는 조경단이 그곳에 있다기에 한번 가보고 싶기도 했다.

추석 명절을 위해서 초선 언니가 만든 각종 음식을 담아 차에 싣고 출발했다. 건지산에 오르기 전 나무 그늘 아래 자리를 펴고 음식들을 펼쳐 놓고 즐거운 점심 식사를 했다. 따듯한 커피까지 마시고 넉넉한 가을 햇살을 따라 걸었다. 건지산 산책길로 들어서자 양쪽 길가에 밤송이가 수북했다. 떨어진 알밤을 줍느라 늦장부리는 나를 언니들이 재촉했다.

떡갈나무와 밤나무 잎이 소복이 떨어져 있는 모습이 더욱더 가을 냄새를 물씬 느끼게 했다. 건지산 산책길을 오르다 보니 겉에서 보기와는 달리 아주 크고 위엄(威嚴) 있는 산이라는 생각이 들었다. 산속에 들어서니 길은 여러 갈래로 나뉘어 있었지만 우리들은 초선 언니가 제시하는 방향으로 걷고 걸었다. 걸을수록 즐거움이 더하는 참 신기한 산이었다. 어느새 입가에 흥얼흥얼 노래가 흘러나왔고 살랑살랑 가을바람이 장단을 맞추니 누가 먼저라 할 것 없이 함께 노래를 부르며 산길을 걸었다.

그렇게 숲길을 걷다 보니 단풍나무 군락지에 다다랐다. 단풍나무들은 각각 출생지를 몸뚱이에 메달고 위풍당당하게 서 있었다. 그중에서 가장 건장한 나무에게 다가가서 너는 자릿세를 얼마나 주고 왔기에 다른 녀석보다 넓은 자리를 차지했느냐고 묻자 그걸 알아서 뭐하게 라며 토라지는 것 같았다. 단풍나무의 종류를 읽고서야 먼 나라와 이웃 나라 단풍나무까지 이곳에 심어 놓았음을 알 수 있었다.

다시 한 번 단풍나무의 위풍당당함을 바라보며 단풍나무의 또 다른 매력을 찾았다. 아름다운 숲을 이루고 있는 커다란 단풍나무, 그 나뭇잎 사이사이로 아기단풍들이 햇빛이 내려오는 것을 바라보느라 고개 치켜든 모습이 그저 앙증맞고 애잔하여 오랫동안 바라보았다. '아기단풍 나무들아, 어서어서 자라 큰 나무들과 어깨를 나란히 해라.' 나는 말은 그리하였지만 성인(成人)의 말이 생각났다. "사람은 큰 사람 덕을 보며 살지만 나무는 큰 나무 덕을 볼 수가 없다." 어린 단풍나무가 또 하나의 작은 숲을 이루고 싶으면 큰 나무가 없는 또 다른 곳으로 옮겨 갈 수 있기를 바랄 뿐이다.

건지산을 오르내리며 감탄사를 거듭하는 나를 향해 초선 언니는 이 산이 얼마나 크고 좋은지 알려면 아직도 서너 번은 더 와보아야 한다고 했다. 산책길은 걸을수록 지치지도 않고 숲은 바라볼수록 귀족답고, 품위가 있는 산이라는 생각이 들었다. 건지산 입구에서 주워 주머니에 넣어둔 알밤을 꺼내 먹었다. 달콤하고 상큼한 밤이 입안 가득 향기와 즐거움을 더했다. 가을 산은 먹을 것이 많아서 더욱 좋다. 주인 없는 알밤이며 곱게 익어 가지에 주렁주렁 달린 감나무를 바라보는 것만으로도 마음이 넉넉해진다.

언니들과는 20대 중반에 만나 지금까지 20년도 넘게 흉허물없이 지낸다.

"영임아, 너 몇 살이지?"

"나 00살이야."

"네가 그렇게 많이 먹었니?"

예전부터 언니들과는 복잡한 일들이 일어나거나 마음에 상처를 입었을 때면 얼굴 대하고 서로 이야기를 나누곤 했다.

건지산을 걸으며 이번에는 초선 언니 삶의 체험담을 듣고 함께 지혜를 모았다. 언니는 최근에 마음속에 깊이 자리 잡고 자기를 고통스럽게 하는 복잡한 모든 것들을 과감히 비워버리고, 다 내려놓고 나니 더 좋은 것으로 넘치도록 채워졌다는 말을 했다. 우리는 힘찬 박수를 보내며 자리를 털고 일어났다.

막상 가보고 싶었던 전주이씨 조경단은 근처에도 가지 못한 채 언니들과 헤어져 길을 걸으며 곰곰이 생각해 보았다. 성경을 읽다 보면 예수님의 포도주(酒) 이야기가 나온다. 새 포도주는 새 부대에 담으라는 구절을 생각하며 내 안에서 나를 불편하게 하는 것들을 하나하나 끄집어내어 모두 다 깨끗이 비우고 싶다. 그래야만 또 다른 새로운 것들로 채워질 것이다.

초선 언니처럼 나도 비울 수 있을 때 모두 다 비워야겠다. 엉키고 묶인 삶에서 벗어날 수 있다면 아쉬움에 잡고 있는 미련의 끈을 이제는 놓아야지 그렇게 최면을 걸며 걸었다. 건지산에 오르면 꼭 한번 가보고 싶었던 『혼불』의 저자 고(故) 최명희 묘지를 찾을 수는 없었지만 고풍스런 건지산 산책길을 걸으며 느꼈던 그 느낌처럼 나도 나의 내면을 좀 더 멋지고 알차게 가꾸고 싶다.

집으로 돌아와 깊어진 밤 달빛의 유혹으로 옥상에 오르니 추석 대보름달은 살짝 기울었지만 이 밤 달이 참 밝다. 옥상 위에 둥실 떠오른 달을 마음껏 본다. 토실토실 속이 꽉 찬 달이 맑고 밝게 내 맘에 벅차게 들어온다.

천변길

나는 지난 15년 동안 두 발로 걷는 대신 자동차에 의존하며 살아왔다. 집 앞 마트에만 가려도 자동차를 앞세웠다. 그러다 몇 달 전 대형 사고로 자동차를 폐차장에 맡기고 버스나 택시를 자주 이용했다. 자동차 없이 살다 보니 처음에는 조금만 걸어도 몸이 파김치가 되곤 했다. 일상에서 대책 없이 무너지는 나 자신이 참으로 한심했다.

나는 행여 교통사고 후유증으로 고생할까 봐 퇴원한 후에도 하던 운동을 좀 더 열심히 해야지 싶었다. 헬스 회원증을 장기 회원으로 연기했으나 운동은 엄두도 못 내고 찜질방에도 오랜 시간 앉아 있을 수가 없게 되었다. 그동안 자동차에 의지하여 편하게 살아온 탓으로 몸이 망가진 것이다. 그런 사실을 이제야 깨달았으니, 참으로 어리석기 짝이 없다.

그래, 이제부터라도 조금씩 걷기로 마음먹었다. 처음에는 30분, 그리고 점점 시간을 늘려가면서 나는 삼천 천변길을 걷기 시작했다. 천변 물가 쪽으로는 한 사람이 지나갈 수 있는 좁은 옛길이 울퉁불퉁 그대로 남아 있다. 새로 만들어진 길은 모래와 자갈이 섞인 길로 폭 3m 정도이다. 그 옆으로 색깔도 고운 투스콘 길이 또 3m 정도가 되니 얼마나 넓고 걷기 좋은 길인가. 끝없이 이어지는 길 위로 수많은 사람들이 자기 개성과 스타일대로 달리거나 걷는다.

옆집 앞집 할 것 없이 모두 나와 일상을 풀어놓고 하루의 스트레스를 토해내는 곳으로 천변길이 적격인 것 같다. 처음에는 이방인처럼 모자를 깊이 눌러쓰고 걸었으나 안면이 있는 사람들과 오며가며 마주치다 보니 어느 날부터 가볍게 인사도 나누게 되었다.

나만의 상념 속으로 빠지고 싶으면 나는 한 사람만 지나갈 수 있는 좁은 길을 택했다. 또 복잡한 머릿속을 비우고 싶을 때는 높낮이가 두서없는 통나무 길과 자갈길을 택하여 걸었다.

몇 년 전만 해도 이곳은 하수오염이 심하여 지나다니기도 여간 역겨웠다. 그러나 오랜 시간 꾸준한 관심과 노력으로 삼천천 살리기에 전주시에서는 지혜를 모았고 그 결과 지금은 물도 맑아졌고 주변도 청결해졌다. 또한 많은 붕어를 방생하여 낚싯대를 드리우고 서 있는 모습이 아름다운 풍경을 연출한다. 황소개구리가 울어대면 나는 붕어들이 물풀 속으로 잘 숨어 목숨을 부지하기를 바라며 걷는다.

삼천천에는 여러 종류의 새들이 먹이를 찾아 돌아오니 반가운 일이 아닐 수 없다. 늦은 밤에도 새들은 흐르는 물가에서 부리를 대고 열심히 먹이를 찾는다. 그 모습이 아름다워 한참 동안이나 넋을 놓고 바라볼 때도 있다. 삼천천이라기보다는 이제는 찾고 싶은 강이라 불러도 손색이 없다. 이곳에서 불어오는 시원한 바람은 상큼하기까지 하다. 요즘은 길가에 개망초 꽃이 흐드러지게 피어서 우리를 반긴다. 밝은 날을 좋아하는 개망초는 날이 저물면 시골 5일장이 파장하듯 여리고 작은 꽃잎을 얌전하게 오므려 접어놓고 내일을 준비하려는 듯이 취침에 들어간다.

이제 머지않아 달맞이꽃이 피기 시작할 것이다. 다른 꽃과는 달리 밤에만 활짝 피는 꽃이라 달맞이꽃이라 했던가. 간간이 들리는 황소개구리의 둔탁한 목소리는 긴 파장을 이루며 고요한 밤의 적막을 뒤흔든다. 커다란 황소개구리는 토종개구리를 한입에 서너 마리씩 삼켜도 될 만한 덩치다. 황소개구리는 커다란 뱀도 삼킨다고 하니 참으로 끔찍한 녀석이다.

이곳에는 배스라는 고약한 물고기가 아직은 살고 있지 않다 하니 참으로 다행이지만, 황소개구리나 물고기 배스, 다람쥐과인 청설모 등 모두 바다를 건너온 외래종이라고 한다. 손님으로 건너온 것들이 지금은 모두 주인 행세를 톡톡히 하며 기고만장이다.

녀석들은 제아무리 잘난 척해도 바다 건너에서 스스로 찾아오지는 못했을 것이다. 인간의 욕심이 아니 얄팍한 상술이 지금 이것들에게 왕의 자리를 만들어준 셈이다.

우리가 지키고 보존해야 할 자연과 생태계가 파괴되며 환경오염이 점점 심해진다는 뉴스를 접할 때마다 마음이 아프다. 열심히 가꾼 이곳 삼천 천변길이 잃어버린 건강을 회복시켜주는 나만의 장소가 아닌, 나날이 주민들의 사랑을 받는 장소로, 아이들의 꿈을 키우는 추억의 장소로 언제까지나 남아 있기를 나는 간절히 바란다.

동창회

몇 년 전 회사에서 등산을 했다. 우리가 타고 온 자동차는 바래봉 아래 세워두고 그곳에서 택시를 나누어 타고 정령치에서 내렸다. 지리산 정령치에서 철쭉꽃이 만발한 바래봉까지 능선을 따라가는 코스를 정하여 출발했다.

처음에는 그렇게 긴 코스인 줄 모르고 자동차에 먹을 것을 잔뜩 실어놓고 배낭 속에는 아침 식사 대용으로 먹을 김밥과 가벼운 간식만 넣었다. 걷다 보니 배도 고프고 목이 마르지만 되돌아갈 수도 없는 상황이 되었다.

오후로 접어들면서 발걸음은 점점 힘을 잃어가고 몸은 지쳐가는데 전화벨이 울렸다. 상대방은 취조하듯이 내 이름과 다녔던 학교와 당시 친하게 지냈던 친구들 이름을 부르며 혹시 기억이 나느냐 했다. 기억난다는 말이 떨어지기가 무섭게 '반갑다 친구야.' 하며 자기가 유정애란다.

정애는 당장 만나자고 했다. 지금은 산행 중이니 전주에 도착하여 연락하기로 약속했으나 그때부터 궁금증은 가시지 않았다.

중학교 졸업한 뒤 지금까지 소식이 없었으니 우리가 만나면 몇 년 만일까? 그동안 정애는 어떻게 변했을까? 어떤 남편을 만났고, 자녀는 몇 남매나 두었을까? 인정 많고 소박했던 정애의 얼굴을 떠올려본다. 온 산이 붉은 바래봉의 꽃구경도 건성이고 그 시절 단발머리 소녀인 정애와 친구들의 모습이 필름처럼 지나갔다. 그렇게 아득했던 추억들이, 친구들의 얼굴이 하나씩 떠올랐다.

그로부터 며칠 후 여자 동창들 몇몇이 레스토랑에 모였다. 우리는 졸업한 후 처음 만났지만 조금의 어색함도 없이 너무나 반가워서 부둥켜안고 방방 뛰었다. 우리는 지금 40대 중반. 지나간 30여 년이란 세월의 강을 훌쩍 건너뛰어 서로의 지난 이야기를 하다 깔깔거리며 10대 그 시절로 돌아가 시간가는 줄도 몰랐다. 몇몇 동창들이 근처에 살고 있다는 말을 듣고 연락이 되는 친구들을 우선 불러냈다.

정애는 뚱뚱한 몸매만큼이나 인정 많고 친근한 이웃집 아줌마의 모습으로 맑게 웃었다. 얌전히 자기 일에만 열중하던 순이도 지난날을 아주 잘 살았다고 몸으로 말하고 있었다. 키가 크고 아주 뚱뚱했던 점례는 살이 빠져 요즘 말하는 몸짱이었다. 서울에 사는 상옥이는 그때도 성숙했는데 더욱 세련된 멋쟁이가 되었지만 수다쟁이가 되어 우리들을 좌지우지했다. 졸업하고 약국에서 일한다던 석춘이는 결혼 후에 음식점 주인이 되어 사업가로 변신했는데, 친구들은 누구보다도 내가 제일 많이 변했다며 호들갑을 떨었다.

중학교 시절 난 부끄러움이 참 많았다. 시골에서 10리 길을 걸어 면소

재지에 있는 학교에 다니던 나는 읍내에 사는 친구들과 비교하며 지냈기에 어쩌면 주눅이 들었는지도 모른다. 그래서 나는 다른 아이들 앞에 나서는 걸 꺼렸다. 그런 내가 좋은 방향으로 많이 변했다니 아주 커다란 축복이라 생각한다. 헤어질 시간이 되자 누가 먼저라 할 것도 없이 한 달에 한 번이라도 얼굴을 보는 모임을 만들자고 제안하여 모두 찬성했다.

그렇게 시작한 우리들의 만남이 어느새 3년이 지났다. 점례가 음식점을 오픈한 뒤로는 석춘이네 가게와 번갈아가며 매달 모였다. 점례네 가게에 들어서니 작은 홀에 손님들이 붐볐다. 요즘 경기가 좋지 않다 하여 걱정이 되었는데 다행이었다. 우리는 구석진 곳에 자리를 잡고 앉았다. 식사가 거의 끝날 무렵 멋진 신사가 다가와서 인사를 건넸다. 누구냐고 당황해하는 나에게 점례가 동창생 존현이란다.

우리들은 자연스럽게 합석하여 서로 인사를 했다. 키가 유난히 작던 친구는 훌쩍 키가 커서 예전의 작고 왜소한 모습은 찾아볼 수 없었다. 모범생으로 교내에서 이름을 떨치던 친구는 은행원이 되어 있었다. 태종이라는 동창은 성공한 사업가로 자리를 잡았고 OO도 경찰공무원이 되었는데 예리한 눈빛으로 상대방의 마음을 읽어내어 재치 있게 받아넘겼다. 폼 나게 자랄 것 같던 동창은 키가 그대로 멈추어버린 것 같다고 친구들은 이야기했지만 나는 이 모든 것들이 기억나지 않았다. 읍내에서 초등학교에 같이 다녔던 점례나 순이는 남자 동창생들과도 친밀하게 대화를 했으나 난 곁에서 그들을 지켜보며 낯선 사람들 이야기를 듣거나 전해 듣는 느낌이었다.

사실 우리들은 학년만 같을 뿐 당시 남학생반 여학생반 따로따로 공부했다. 시험 보면 전체 일등이 누구였던지와 여학생들이 남학생에게 일

등을 빼앗기지 않으려 했던 기억이 난다. 언제나 선의의 경쟁을 했지만, 체육대회 같은 날은 힘을 모아 청백으로 응원했던 기억, 특히 민방공 훈련 때는 서로 합심하여 숨거나 물을 나르던 기억 등등 우리들은 생각나는 대로 그 시절 이야기를 나누었다.

학교 울타리 개구멍을 통하여 오두막집에서 수시로 선생님 몰래 과자를 사 나르다가 들켜 복도에서 기압받던 이야기며, 말뚝이네 빵집에서 사먹던 5원짜리 찐빵은 왜 그리 맛이 있었던지. 뜨거운 가마솥에서 꺼낸 엄마의 젖무덤보다 더 큰 하얀 찐빵이 소쿠리에 소복이 쌓여 뜨거운 김이 흰머리를 풀어헤치며 올라가기도 전에 무섭게 먹어치우던 그 시절 이야기를 할 때는 모두 다 침을 꼴깍 삼켰다.

그날은 남자 동창생들까지 만나 우리는 40대 후반이란 나이를 잊은 채 칠없던 중학생 시절로 돌아가 흠뻑 추억에 젖을 수가 있었다. 나는 동창생들 모두의 얼굴을 하나하나 마음속에 그리며 지난날을 되새겨 본다. 아련한 기억의 동창생들이지만 소중한 만남이었고 아름다운 추억의 한 페이지를 넘겼다.

'줄포' 일제강점기에는 그곳에서 수많은 먹을거리를 일본으로 실어 날랐었다고 한다. 줄포는 포구와 젓갈로 유명했고 읍내는 언제나 생선 비린내가 가득하여 싫었지만 지금은 그리운 냄새가 되었다. 지금도 비가 내리는 날이면 나는 가끔씩 줄포에 찾아가 5일장으로 북적였던 시장이며 서커스를 하던 장소며 수업 도중에 도망나와 영화를 보았던 현대극장 앞에 정차하여 옛 추억을 되새겨본다.

집으로 돌아올 때는 몇 집 남지 않은 젓갈가게에 들러 곰삭은 갈치속젓을 사고 생선가게에 들러 풀치를 사는 것도 빠뜨리지 않는다.

2호 법정

2호 법정에 오전 10시까지 출석하라는 등기우편을 받고 나는 드디어 때가 왔구나 생각했다. 시간에 늦지 않게 물어물어 2호 법정 문 앞에 섰다. 두근거리던 가슴이 쿵쾅거리며 뛰기 시작했다. 다시 한 번 침을 모아 삼키고 마음을 다독인 뒤에 무거운 철문을 열고 들어갔다. 두 명의 경관이 양쪽 입구를 지키고 서 있는 모습에서 나는 기가 죽었다.

영화나 텔레비전에서 보았던 법정의 모습이 한눈에 들어왔다. 100여 명이 앉을 수 있는 좌석이 있고 변호인석 그리고 맨 앞에는 판사의 높은 좌석이 위엄 있게 자리하고 있었다. 나는 뒤에서 3번째 줄에 자리를 잡고 앉았다. 잠시 뒤 판사가 들어오자 자리에서 모두 일어나라는 큰소리에 나도 남들을 따라 벌떡 일어섰다. 제판장이 자리에 앉자 다시 제자리에 앉으라는 명령을 들으며 앉았다.

판사는 먼저 자기가 묻는 말에 예, 아니오 라는 대답만 하라더니 이어서 재판이 시작되었다. 수감번호 1480번 김00 외 몇 명을 동시에 부르기도 하고 한 명씩 부르기도 했다. 실형을 살고 있는 피고인들은 양손이 허리 뒤에 동아줄로 묶이어 있었다. 황토색 의복에 가슴에는 이름 대신 숫자가 붙어 있었다.

경찰관의 인솔하에 판사 앞에 서서 실형과 벌금형 증거 보충이나 증인 또는 피고인과 합의건 등등, 쌓인 서류를 보며 판결을 내리거나 미루는 일들을 먼저 처리한 후 일반 좌석에 앉아 있는 사람들을 호명한다. 다음은 내 순서다.

"교통사고 특례법 사건번호 1525번 박00에게 벌금 200만 원을 선고합니다. 만약 이를 갚지 않을 시에는 일당 오만 원에 근로 노동을 계산하여 구형에 처합니다. 이의 있으십니까?" 나는 얼떨결에 "네." 라고 대답했다. 판사는 더 이상 질문하지 않고 "이의 있으면 항소를 하기 바랍니다." 판사는 정확하고 간결하게 말하고는 다음 사람의 이름을 불렀다.

2호 법정을 나오면서 항소를 어떻게 하지, 벌금 대신 일을 하면 하루에 5만 원씩 40일 동안 일을 해서 200백만 원 벌금이 갚아지겠네, 혼자서 중얼대며 좀 더 자세한 내용을 알고 싶어 민원실에 찾아가려는데 60대 초반으로 보이는 남자가 뒤에서 불렀다. 출퇴근하면서 일을 하는 것이 아니라 군산에 있는 교도소에 들어가서 일을 한다는 것이다. 순간 뒤통수를 둔기로 얻어맞는 느낌이 들었다. 정신이 아찔한 나를 정면에서 바라보며 벌금 내고 말아야지, 그곳에 절대 들어가면 안 된다고 당부했다. 남자는 그래도 걱정스런 얼굴로 여러 차례 돌아보며 멀어져갔다. 나는 겨우 고개를 숙여 감사의 뜻을 전했다.

남자는 모퉁이를 돌아가 뒷모습도 보이지 않았지만 내 발바닥은 본드에 붙어 버린 것처럼 한 발도 그 자리에서 움직이려 하지 않았다. 나는 걸음을 겨우 커피자동판매기로 옮겨 커피 한 잔을 마시고 민원실에 들어가 자세한 내용을 확인한 뒤 항소를 신청했다. 집으로 돌아오는 발걸음이 한없이 무거웠다.

교통사고 난 것이 부끄러워 하늘을 쳐다볼 수도 없었다. 어떻게 해서라도 벌금을 줄이고 싶은 생각과 항소를 어떻게 할 것인가 불안한 마음이 갈등하기 시작했다. 항소를 취소하고 이렇게 주저앉으면 누구보다 나 자신이 용서가 안 될 것 같았다. 항소 신청을 한 것은 아주 잘한 것이라고 자위하며 경사가 심한 법원 길을 내려왔다.

지금까지 법원은 나와는 전혀 상관없는 곳으로만 알고 살아왔다. 그런데 난 오늘 판사 앞에서 죄인 된 몸으로 서 있었다. 오늘따라 혼자라는 것이 지독하게 싫어 누구라도 옆에 있었으면 좋겠는데 아무도 생각이 나지 않았다. 핸드폰에 저장되어 있는 이름들을 훑어보았으나 아무에게도 전화할 용기가 나지 않았다. 혼자라는 것이 몸서리 쳐지게 싫지만 지금 나는 철저히 혼자다.

교통사고는 벌써 1년이 지나고 있다. 차에 가득 친구들을 태우고 출발했다. 횡단보도가 있는 신호등 사거리에서 봉고차가 내 차 운전석 뒷좌석을 받았다. 내 자동차는 한 바퀴를 돌아서 뒤집혔다. 우리들은 하나같이 봉고차가 미친 것이라고 말했으나 우리들은 공정한 증인이 될 수 없었다. 목격자가 없는 신호등, 경찰에 든든한 배경이 없는 나는 결국 가해자가 되었다.

그동안 내 손발이 되어준 자동차는 폐차장으로 갔지만 우리는 모두 살아서 숨 쉬고 있으니 그것만으로도 우리는 감사해야 한다. 억울한 사고로 세상에 나온 지 얼마 되지 않은 나의 친구 비스토(승용차)가 아직도 어딘가에서 나를 기다리고 있을 것만 같다. 오늘따라 나의 애마 비스토가 무척이나 그립다.

우리가 살아가면서 지켜야 할 일들이 어디 한두 가지일까. 가정에서 직장에서 도로에서 공공장소에서 법과 질서, 양심과 도덕, 누가 보든 보지 않든 정해진 규칙을 지키며 살아가야 한다. 나는 다시 한 번 내가 정말 가해자가 아니라고 정말로 피해자라고 소리치고 싶다. 이렇게 억울한 현실을 하나님은 알고 계시겠지. 마음을 다독이며 위로하지만 그래도 억울하다, 나는 정말로 억울하다.

찔레꽃

며칠 전 집 부근에 있는 중학교 담 모퉁이를 돌아가려는데 찔레꽃 덩굴 앞에서 발길이 떨어지질 않았다. 꽃향기를 맡으며 찔레꽃과 잠시 인사를 나누던 나는 돌아서려던 발걸음을 멈추고 휴대 전화기를 꺼내어 사진을 몇 장 찍어 보았다. 요즘은 여기저기 찔레꽃이 피는 계절이지만 자동차로 가면 이곳은 그냥 스쳐 지나칠 길이다. 걷다 보니 집 주변에서 이렇게 찔레꽃을 만날 수 있어 다행이었다.

아침에 쓰레기 분리수거를 하여 1층으로 내려오니 1층 냉동실에서 작은 냉동탑 차에 열심히 짐을 싣는 강 사장이 하던 일을 멈추고 인사를 했다. 나는 답례 삼아 오늘은 어느 코스냐고 물었다. 강 사장은 남원으로 해서 운봉과 아영을 돌아 장수까지 가는 긴 코스라고 했다.

"거 참 좋으시겠네."

"왜요? 좋으시다니 온종일 드라이브시켜줄까요?"

"산에도 찔레꽃이 피었겠지?"

천지가 찔레꽃이라며 유혹했지만 나는 망설였다.

화창한 봄날 어디론가 떠나고 싶은 마음은 가득하지만 승차감이 좋지도 않은 트럭을 타고 온종일 다닐 것을 생각하니 끔찍하여 잠시 생각하다 사양하고 집으로 올라와 또다시 이불 속으로 들어가 눈을 감았다. 하지만 잠은 오지 않고 푸르른 산과 들의 찔레꽃이 오락가락했다. 강 사장을 따라가면 초록으로 변한 산과 들 무엇보다 찔레꽃을 실컷 볼 수 있는 기회라는 생각이 자꾸만 들었다.

강 사장에게 전화를 하니 아직 짐을 싣는 중이라고 했다. 나는 사람도 한 명 짐처럼 싣고 출발하라 했다. 냉동차에는 주문받은 물건들로 가득했고 조수석까지 실어 놓았던 물건을 옮기어 겨우 한 사람 앉을 자리를 마련히여 주었다. 냉동차는 전주를 조금 벗어나면서 곳곳에 흩어져 있는 음식점에 들러 필요한 재료들을 내려주는 작업을 했다. 남원에 있는 서남대 쪽으로 돌아가는 코스에는 찔레꽃이 만발하여 장관을 이루었다. 아이처럼 좋아하는 내 모습을 훔쳐본 강 사장은 그냥 지나칠 수 없었던지 차를 세우고 내리더니 찔레꽃 한 가지를 꺾어 주었다. 한 아름 꺾어오려고 갔으나 차마 다 꺾을 수가 없었다 했다.

그래 찔레꽃, 순박한 찔레꽃을 어찌 마구잡이로 꺾을 수가 있단 말인가. 찔레꽃 하면 가수 장사익의 「찔레꽃」 노래하는 모습이 떠오른다. 그는 맑고 청아한 목소리로 「찔레꽃」 노래를 서럽고도 구슬프게 부른다. 마치 가슴속에 있는 한(恨)을 승화시켜 듣는 이의 심금을 울린다. 장사익은 내 지치고 좌절한 마음을 달래주고 다독여주는 듯이 노래를 부른다. 그런 장사익의 「찔레꽃」이 좋아서 그가 전주에 오면 나는 공연장에 꼭 찾아가곤 한다.

찔레꽃과 함께 문득 어렸을 때의 기억이 떠오른다. 언니들이 바구니에 가득 꺾어 온 찔레 순은 달큼하여 즉석에서 벗겨 먹었다. 찔레 줄기는 여러 손길에 꺾이고 밟히면서 곧고 길게 자라면 가을걷이가 끝날 무렵에는 또다시 어머니의 부지런한 손길로 꺾여 온다. 찔레 줄기는 바구니 소재(素材)가 된다. 몇 해 전까지만 해도 예쁘고 실용적인 바구니를 찔레 줄기로 만들어주던 어머니의 기억이 새롭다. 아무것도 아닌 것 같은 것들도 이렇게 귀하고 쓸모가 있다는 것을 그때 배웠다.

강 사장과의 만남이 어느덧 7년이 되었다. 광고지를 보고 가게를 얻고자 찾아온 것이 계기였다. 강 사장의 첫인상은 순박하고 순하게 생겼었다. 젊은 사람이 경험도 없이 어떻게 장똘배기 같은 장사를 할 수 있을지, 내심 걱정이 되었지만 잘할 수 있을 거라고 격려해주었다.

처음에는 점포 한 칸을 내주었지만 몇 년 만에 점포 한 칸을 더 달래서 주었다. 몇 년 동안 그렇게 살아도 개인적인 대화는 별로 없었지만 매달 월세는 하루도 늦지 않았다.

그런 강 사장과 오늘은 단둘이 드라이브하며 찔레꽃도 선물로 받았다. 어색한 분위기가 조금은 부드러워진 무렵 강 사장은 어릴 적 이야기부터 전주에 오게 된 동기를 편안한 마음으로 풀어놓았다. 그는 IMF 이후 크고 작은 회사들이 줄줄이 문을 닫거나 합병을 하는 일이 늘어나면서 시작된 삶의 수난을 담담히 이어나갔다.

그는 이곳에 내려오기 전까지는 서울에서 직장생활을 하다가 어느 날 명퇴를 당했고 동생의 권유로 이곳까지 왔으나 동생이 하는 사업 역시 흔들렸다고 했다. 식품재료 영업으로 성공한 선배의 권유로 장사를 하기로 마음을 먹었지만 말처럼 쉬운 일이 아니었다며 힘들었던 지난 시간들이 떠오르는 듯이 한숨을 내쉬었다.

강 사장은 경험도 없이 음식점에 들러 필요한 재료를 설명하는 등 영업을 하는 것이 처음에는 너무나 힘들고 어려웠지만 삶의 마지막 길이라 생각하고 한없이 낮아졌단다. 언제나 밝은 얼굴로 호탕하게 웃으며 시곗바늘처럼 정확히 움직이며 열심히 사는 모습을 거래처에서도 점점 인정하게 되었다고 했다. 이제는 사막에 홀로 남아 있어도 그곳에 오아시스를 만들 수 있는 자신감이 있다며 강 사장은 종이컵에 남은 커피를 홀짝 마시며 먼 산을 바라보았다.

그의 눈동자가 흐렸다. 오늘 장시간 함께 많은 대화를 나누며 소설 같은 한 남자의 일대기를 듣다 보니 찔레꽃보다 더 소중한 것을 담아온 느낌이었다. 집에 도착할 무렵 꺾어온 찔레꽃은 이미 시들었지만 찔레꽃 향기는 더욱 진하게 향기를 뿜어내고 있었다.

조롱박 이야기

인쇄 2016년 10월 25일
발행 2016년 11월 4일

지은이 박영임
발행인 서정환
펴낸곳 신아출판사
주소 전북 전주시 완산구 공북 1길 16(태평동)
전화 (063) 275-4000, 252-5633
팩스 (063) 274-3131
이메일 sina321@hanmail.net
출판등록 제465-1984-000004호
인쇄 · 제본 신아출판사

ISBN 979-11-5605-386-6 03810
값 13,000 원

「이 도서의 국립중앙도서관 출판예정도서목록(CIP)은 서지정보유통지원시스템 홈페이지(http://seoji.nl.go.kr)와 국가자료공동목록시스템(http://www.nl.go.kr/kolisnet)에서 이용하실 수 있습니다.(CIP제어번호: CIP 2016026551)」

Printed in KOREA

*이 책의 발간비 일부는 전라북도 문예진흥기금의 지원을 받았습니다.